读书是教师最好的修行

修订本

常生龙 著

上海教育出版社
SHANGHAI EDUCATIONAL PUBLISHING HOUSE

图书在版编目（CIP）数据

读书是教师最好的修行 / 常生龙著. -- 修订本. -- 上海：上海教育出版社，2021.7（2023.4重印）
ISBN 978-7-5720-0978-5

Ⅰ.①读… Ⅱ.①常… Ⅲ.①教育学—著作—介绍—世界 Ⅳ.① G40

中国版本图书馆 CIP 数据核字（2021）第 117537 号

策　　划	源创图书
责任编辑	董　洪
特约编辑	吴法源　李　玲
责任印制	梁燕青
内文设计	许　扬
封面设计	奇文云海

Dushu Shi Jiaoshi Zuihao De Xiuxing (Xiuding Ben)
读书是教师最好的修行（修订本）
常生龙　著

出版发行	上海教育出版社有限公司
官　　网	www.seph.com.cn
地　　址	上海市闵行区号景路159弄C座
邮　　编	201101
印　　刷	北京华宇信诺印刷有限公司
开　　本	710×1000　1/16　印张 15　插页 1
字　　数	200千字
版　　次	2021 年 7 月第 1 版
印　　次	2023 年 4 月第 7 次印刷
印　　数	31,001—36,000 本
书　　号	ISBN 978-7-5720-0978-5/G·0772
定　　价	68.00元

如发现质量问题，请向本社调换　电话 021-64373213

目　录

修订本序　　　　　　　　　　　　　　　　　1
自序　让我们都来读书吧　　　　　　　　　　3

第一辑　教学即创造

教学是一场充满未知的探险之旅，课堂上行云流水的酣畅、磕磕绊绊的沮丧、达成目标的欢欣和困顿无解的烦恼，相信每一位教师都经历过。让自己远离舒适区，积极、主动地去探寻教学的奥妙，不仅有助于激发教师的创造潜能，促进自身的专业成长，也能在陪伴学生全面、健康成长的过程中，更好地体悟教育的价值和使命。

让学生喜欢的诀窍　　　　　　　　　　　　　8
电影的教育价值　　　　　　　　　　　　　　12
用心写就的成长故事　　　　　　　　　　　　17
"迈考特是世界上最好的老师"　　　　　　　　21
第56号教室的文化场　　　　　　　　　　　　25
如何构建以学生为中心的课堂　　　　　　　　29
教学始于技巧　　　　　　　　　　　　　　　33
教师和学生说话的艺术　　　　　　　　　　　37
转化"问题生"，你可以这样做　　　　　　　　42
了解学生是教育的前提　　　　　　　　　　　46

第二辑 教育即生活

好奇心和求知欲是儿童最为珍贵的品质,这是建立在儿童具有丰富的自我生活的基础之上的。有了好奇心,儿童就会对周边的事物、大千世界产生探究的欲望,而社会生活则为他们的持续探索提供各类基础。教育即生活,教育必须融入儿童的生活、社会的生活中,才能发挥更好的效益。

别让童年在信息时代消逝	52
怎样让学生爱上学习	56
要善于讲故事	60
让家校沟通更有成效的策略	64
解开爱和理解的密码	68
科学家是这样炼成的	72
名师成长之路	76
让教学生涯充满激情	80
教师要挺直腰板儿	84
下辈子你还愿意教书吗	89

第三辑 学校即社会

学校要为社会培育人才,学校自身就必须是一种社会,要具备社会生活的全部含义,学生在校园里过的生活应该与真正的社会生活是一致的。在这样的状况下,学生才能更容易获得直接的社会经验,更敏锐地体察社会的需要和价值趋向,通过体验式的学习实现书本知识向生活实践的迁移,提升理论联系实际的本领。

学校是一个让学生变笨的地方	96
怎样提升学生的生存能力	100
教给学生最有用的本领	104
穷乡僻壤也可以办出好学校	108
惠尼中学的启示	112
罗恩老师的教育奇迹	116
夏山学校的教育特色	120
教育要走进儿童的心灵	124
怎样重建师生关系	128
学校教育要关注的三个方面	132
在自我变革中成就每一个学生	136

第四辑 理论即支点

教育理论是人们对长期教育实践的总结和提炼，揭示了教育的基本规律和内在联系。以教育理论作为教育教学活动的支点，有助于教师更加深刻地认识教育现象，更加清晰地解释教育问题，更加准确地指导教育实践，更有把握地预测教育未来，同时也能在教育教学的实践探索中不断获得巅峰体验，感受教育实践活动的各种乐趣。

为了孩子的自我发展	142
儿童是成人之父	146
像医生那样做教师	150
陶行知与他的新教育理念	155
教育就是让学生养成好习惯	160
教育的心理学与哲学思考	164
树立人文主义教育观	168
课堂改变，学生就会改变	172
占据未来制高点需具备的五种能力	176

第五辑 变革即未来

当下的教师正身处以人工智能为标志的教学大变革时代。智能设备与教育领域的深度融合，改变着教师获取信息的途径和方式，对教师教的方式以及学生学的方式也是一种颠覆。教师只有对此有充分的了解，才能激发自我革命的内驱力。能够成为这场教育变革的亲历者、参与者和实践者，是一件令人非常自豪的事情。

如何建设高效、顶尖的教育系统	184
芬兰教育成功的秘密	188
实现大规模个性化学习的路径	193
数字时代的创造力培养	197
教育如何应对大数据时代的挑战	201
可汗学院的奥秘	205
何为翻转课堂	209
教育的本质与未来发展	213
3.0时代的学习方式	217
构建教育的人类学新模式	221
附录 向教师推荐的50本书	226
后记	230

修订本序

这本书能够修订再版，是我最初完全没有预想到的。

一方面觉得这种个性化的读后感或许认可度较低，另一方面也顾虑所介绍的图书已出版了一段时间，缺乏新鲜感，担心不受读者待见。没想到本书出版5年来，先后印刷了20次，而且常年盘踞在当当网教师用书图书畅销榜中。先后入选《中国教育报》2015年度"教师喜爱的100本书"，中国教育新闻网2016年度"影响教师的100本书"，并入选中国教育装备行业协会和中国出版协会联合发布的2017中小学图书馆（室）配备核心书目。

本书出版后受到读者的青睐。互联网上有数百篇读者撰写的读后感，撰写者遍布全国各省（区、市）；有的读者将本书的每一篇文章都朗读后，录制成系列音频发布在网上；不少学校集体购买，教师人手一册，在共读之后进行读书体会的分享；有的教育局将本书作为当地教师的必读书目加以推荐。仅杭州一家专门经营教育图书的书店，就卖出一万余册。

一本书能成为畅销书自然有它的道理。我想或许是以下几个因素让这本书变得畅销。一是近些年国家积极倡导全民阅读，而且正在推进全民阅读的立法工作，社会各界都比较重视阅读，这本书的出版恰逢其时；二是教育正处于大变革时期，教师在工作中遇到了许多前所未有的难题和困惑，希望通过阅读找寻答案；三是教师虽有阅读的意愿，但因平时各种业务繁忙，很难找到更多的时间用于阅读，读这本书可以了解50本书的内容，有着"短平快"的效益；四是我在撰写每本书的书评、读后感时，总是努力做"搭桥"的工作，即在教育研究、教育理论和一线教师的教育实践之间架设一座桥梁，尽量用通俗的语言来表述教育观念，以便读者拿起书来会有一种亲近感。

在当当网上，有关本书的评论达一万余条，其中好评率达到99.8%。网友"木子8478"说："我以为，这本《读书是教师最好的修行》的一个难得之处，就在于作者的阅读与感悟并非'散射式'的，而是经过精心汇集的'阶梯式'的思考——从第一辑的'教学即创造'，到最后一辑的'变革即未来'，呈现了一种既着眼当下，又把目光投向未来的教育观。我想，自己在被其中一篇篇微言大义的'读后感'打动之余，更被作者这种将阅读过的书做分类分层思索的做法吸引——与其说这本书的好处在于向我们介绍了一本本好书，分享了作者一次次的感悟，不如说其重要价值体现在引导教育同行对阅读过的教育著作进行分类整理，形成一条清晰的阅读脉络，以助今后在遇到相关问题时，可以较为方便地找到对应书籍而再次得到指导。"

在修订本书的过程中，我认真翻阅了全国各地读者撰写的读后感，对老师们经常提及的文章予以保留，对那些老师们较少提及的文章做了调整，更换了部分文章，更新了部分延伸阅读书目，对全书做了修改润色，努力使本书既能保持原有风貌，又能与时俱进，与当今教育的发展同频共振。

不当之处，敬请读者批评指正。

自序 | 让我们都来读书吧

我是一名物理老师。

有一年暑期教师培训，教研员让我给区里的初中物理老师讲一讲物理学科的探究性学习问题。我提出了一个观点，即接受式学习仍是一种重要的教和学的方式，在物理学科中倡导探究式学习，目的在于丰富学习的方式，让学生体会学习可以通过多种方式来完成。教研员显然对我的这个观点并不完全赞同，我刚讲完，他立刻就对在座的老师说："根据新课程的理念，探究式学习是一种主要的学习方式，每节课都要让学生探究，并将这一点作为评价课堂教学的重要指标。"

教研员的这番话，引发了我对探究式学习教学起点的思考。在什么情况下，实施探究式学习最为合适，也最易达成预期的教学目标呢？我查阅了不少资料，也和同行做过多次讨论，但都没有得到满意的答案。那段时间，我在阅读房龙的系列作品，书中的内容让我联想起这个问题，突然间顿悟了。

是否开展探究式学习，取决于要学习的内容与学生已有的知识和经验。当学生已经有丰富的直接经验储备时，就没有必要再去探究，教师只要创设情境，唤起学生对原有经验的记忆，促进新、旧知识之间的联系即可；只有在学生对将要学习的内容缺乏直接经验的支持时，才需要通过探究式学习，获得亲身体验。我将对这一问题的思考和回答写成了一篇文章，刊登在《物理教师》杂志上。

后来我调动到上海市虹口区教育局工作。

相信大家都知道开口朝下的抛物线的轨迹。从某种意义上说，它也象征着一个组织从创业到达鼎盛，再走向衰落的历程。如果这一组织能够在自身发展的轨迹接近抛物线的顶端之际，找到新的生长点，重新开始创新发展，就不仅能避免衰落的颓势，还可以将组织从整体上推向一个新的抛物线发展的轨道上。

在全体教职员工的共同努力下，虹口区的初中教育一步步走到了自身发展的鼎盛期，学校和教师充满了信心，对已有经验的梳理和总结也成了大家最感兴趣的事情。初中就这样按照大家熟悉的节奏发展下去吗？是否应该再给一个策动力，让其走上一个新的抛物线轨道？这成了我一段时间里重点思考的问题。

在苦思冥想的这段时间里，我阅读了《让学生都爱学习：激发学习动机的策略》一书，泰尔斯顿（Donna Tileston）在书中提到的大脑处理信息的路径让我眼前一亮。从人的各种感官传递到大脑的信息，先要过"自我系统"这一关，98%的信息都被屏蔽掉了，而自我系统对信息的选择，直接与"关系"相关。建立和谐的师生关系，可以进一步提升教育品质和教学质量。于是，构建和谐的师生关系，成了虹口区教育转型发展的新抓手。

花了很多篇幅说这两件小事，是想告诉各位读者，我们在工作和生活中，会遇到各种各样的困惑和难题，其中绝大多数的问题都有解决的办法和途径，并且已经被别人做了总结，发表在各类著作、报刊或新媒体上。如果我们是读者，就可以在其中找到路径或答案，在前人的基础上站得更高，行得更远。我就是其中的受益者，相信每一个坚持阅读的人，都和我有同样的感受，这也是我向各位读者推荐这些作品的缘由。

本书分五个专辑,每辑的侧重点都有所不同。

第一辑"教学即创造",精选了一组有关课堂教学和学生成长的书。其中有对教学技术的研究,有对教学方法的探讨,有对教学本质的理解,有对教师价值的探索,有转化"学困生"的经验,有整体提升教学质量的策略。教师是改变课堂、提升教学质量的关键,这一辑可以让我们更加坚信这一点。

第二辑"教育即生活",强调教育和生活的关系。杜威(John Dewey)说:"从教育产生之日起,人受教育不是为了别的,而是为了生活。没有人及人的生活,教育又从何谈起。"在人们的日常生活中,亲子关系、家校关系、阅读与写作的关系等,都是绕不开的话题,教育就是要帮助人们正确认识和处理这些关系,过上快乐、幸福的生活。

第三辑"学校即社会",突出说明学校就是孩子的社会。学校一方面要给孩子提供丰富的接触真实社会的机会,另一方面要变革当下的学校教育生态,让孩子爱上学校,在其中健康、快乐地成长。明确起点、高期待、拥有选择的自由、戏剧课程、扁平化管理……不同学校的着力点虽有差异,但在促进孩子"全人格"的成长上又有很多相似之处。

第四辑"理论即支点",甄选了九位教育名家的著作,有的是从哲学层面提炼出一般性的教育原则,有的则是从实践层面归纳出教育策略。希望读者从中了解教育理论的演变过程,理解教育理论是时代的产物,理论自身也是与时俱进的;也希望读者能意识到教育理论的启迪和唤醒作用,以及在增长我们的实践智慧方面的价值。

第五辑"变革即未来",更多的是立足当下,展望未来教育发展的可能性,有美国专家对构建全球顶尖教育体系的思考和研究,有对芬兰教育道路的经验总结,有对学生创造力培养的思考,有对大数据时代教育方式变革的探索。翻转课堂、个性化学习、体验式学习……一系列令人眼花缭乱的词语背后,隐含着数字技术对整个教育的颠覆。

在这个急速变化的时代，养成阅读的习惯，可以让自己始终站在时代的制高点上来思考和筹划，可以让自己在教育实践的过程中少走很多弯路，在教育探索的道路上获得更多的成功。无论是对自己、对学生、对学校，这都是很有意义的事情。

让我们都来读书吧！

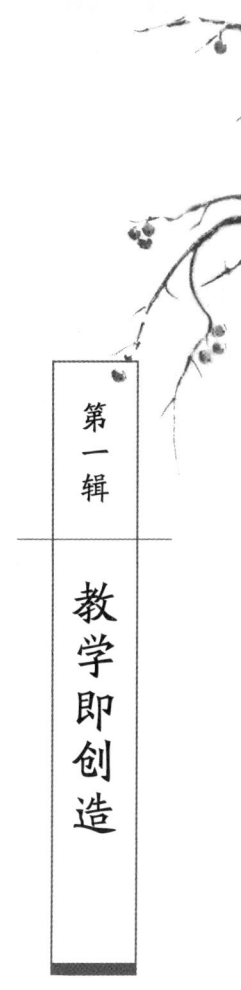

第一辑

教学即创造

让学生喜欢的诀窍

做一个让学生喜欢的教师，是很多教师的愿望。通过《做一个学生喜欢的老师：我的为师之道》一书，于永正揭示了让学生喜欢的诀窍。

◎ 诀窍一：自己先变成孩子

有这样一个故事。母亲牵着6岁的孩子去商场购物。她原以为孩子会很开心，没想到孩子在商场里却哭哭啼啼，无止无休。当她蹲下身子的时候才发现，孩子看到的都是大人的腿，哪有什么快乐可言？

成年人思考问题的方式、观察事物的视角、处理事务的方法与孩子都有很大的区别，我们在教育孩子的过程中必须充分认识到这些。高明的教师，不会把自己的意志强加给孩子，而是设法让自己站在孩子的角度去理解他们，用自己的知识、教养、智慧和德行来影响、陶冶、感染和感化孩子。于永正老师说："教了47年的书，最终把自己教成了孩子。"陶行知先生也说："我们必得会变小孩子，才配做小孩子的先生。"这些话的背后都体现了他们对教育本质的把握。

玩是孩子的天性，儿童的成长需要玩。我们当老师的，一定要为孩子留出玩的时间。于永正自己就非常喜欢玩，所以在带着孩子玩的过程中，常常能玩出新境界。在人们的印象中，课堂教学应该是比较严肃的，但于永正的课堂并非如此，一个个生动、幽默的故事，一场场富有情趣的游戏，让孩子们在欢声笑语中获得了新知，体悟了成长。课外的玩就更加有趣了，他带着孩子们去钓鱼、钓虾、野炊，一起去参观苹果园、考察皇藏峪、攀登峄山，到农村去拔草、捉虫，到农民家中做客……于永正坚信：一个人亲身经历一些有意义、有情趣的活动，会在记忆里留下难以磨灭的痕迹，每一个精彩的活动留给孩子的都是一颗珍珠，当他长大后，岁月的丝线把这些珍珠穿起来，就成为人生宝贵的项链。

老师在学生面前表现得不能太像老师。如果太像老师，师生间就必有距离。无论在任何地方行走，于永正都要求自己不将手倒背起来。他认为倒背着手站在学生面前，就有树立自己权威、确定自己老师身份的意义在其中。班长在教室里给同学们布置大扫除的任务时，于永正会非常认真地询问："班长，我的任务是什么？"领了任务之后，他会在规定的时间内和学生一道去做，让他们感受到老师就是他们中的一员；课间，他总是尽可能地待在学生中间，和他们说说话，和一些学生掰手腕，经常讲一些故事、笑话给大家听；在演课本剧的时候，他总是积极、主动地扮演各种角色，和他们一起表演，体会文本的内涵……

于永正认为，一个童心未泯的教师，是一个具有好奇心、孩子气的教师，是理解和宽容学生的教师，是能想学生之所想、做学生之所做的教师。教师只有拥有一颗童心，才能真正走进学生的心，知道学生真正需要什么。学生只有认同教师，信服教师了，才会效仿教师的做法，才会接纳教师的建议。

◎ 诀窍二：遵循教育的规律

好的教育是遵循孩子身心发展规律和教育规律的教育。

一个学生在默写的时候将"诉"字的最后一个点给弄丢了，老师让他抄写八遍。抄写时该生写的前面四个字是有最后一个点的，可后面的四个又没了。之所以出现这样的情况，就是因为这样的作业违背了学生的记忆规律。

于永正对学生写字的要求很高，但他的要求不是体现在一个字写多少遍上，而是体现在书写正确与否上。学生如果初学写字时字的笔顺和间架结构出了问题，后面再要改正就非常困难了。于永正建议，楷体是学生写字时最需要借鉴的字体，教师应该认真研究每一个字的结构特点，给学生讲清楚，让学生写正确。比如"帽"字，很多人误将右上角的"冃"写成"曰"，这与教师的教学是有关联的。

汉语的音乐性强，汉字是音、形、义的统一体，这就决定了朗读的作用和价值。人们提高语言能力，很多时候不是靠掌握语言规则，而是靠语感，朗读是培养语感的重要渠道。朗读既是理解文本的主要方式之一，又能给人以美的艺术享受，甚至能影响人的一生。

《光明日报》的记者樊云芳就是在听了齐越广播的《县委书记的榜样：焦裕禄》后感动不已，立志成为新闻工作者的。于永正在教学生涯中花费了大量的时间训练自己，提高朗读的水平。孩子们正是从他的朗读中，学会了语言，培养了语感，产生了情感，掌握了表达的方式。

遵循规律的小学语文教学，比较关注以下两个方面。一是不越位。不把小学生当成中学生，甚至大学生来教，人为地拔高要求，特别是在人文性方面挖掘过深。小学生的主要任务就是把字认好、写好，把词语掌握好，把课文读好。二是要到位。对小学生而言，分段、概括段落大意是有必要的，但比这更重要的是培养品味能力，尤其是对词语的品味能力。歌德说过，经验丰富的人读书用"两只眼睛"，一只眼睛看纸面上的文字，另一只眼睛看到纸的背面。这种力透纸背的能力就是品味能力。

◎ 诀窍三：要时刻以身示范

大德无形，大教无痕。教师的影响作用，在小学阶段体现得尤为显著。孔子曰："其身正，不令而行；其身不正，虽令不从。"汉代的班固也说："教者何谓也？教者，效也，上为之，下效之。"两人都强调了教师以身示范在教育中的作用。

于永正在教学过程中，处处以身示范，充分发挥着榜样的影响力。无论何时何地，他在面对学生的时候，总是穿戴得整整齐齐，一点儿也不随意；无论是在黑板上板书还是给学生批改作业，字都书写得工整、认真，没有丝毫的潦草；要求学生写作文时，自己一定也跟着写下水作文，在"下水"中体悟写作中可能出现的问题，以便给学生及时的指导和帮助；犯了错误一定会当着学生的面承认，不掩饰，不支吾；和学生一起活动时，他在行动上不敢落后，而不仅仅是做一个指挥者；备课认真仔细，对一个字的书写、一段话的朗读，都反复推敲；每天认真阅读报刊，以便了解最新的社会动态，可以和学生进行互动和交流……当师生融为一体时，教育真的是一种幸福，教育真的会变得简单、轻松而有效。

学生喜欢多才多艺的老师，老师的爱好越多，越能赢得学生的尊重。于永正对此有深刻的感受。除了自己的语文本行之外，他还广泛涉猎各方面的知识，如音乐、美术、书法、戏剧，等等，并将其运用到课堂教学中。他在课堂上，时不时就会"秀"一段字正腔圆、有板有眼的京剧，让学生大饱耳福。他的书法、朗读等技艺，更是学生模仿的对象。通过一天天的积累，学生不知不觉地就厚实了精神底色。

在书中，于永正引用了郭振有先生的一句话："教师有没有文化主要不在于教师的职称、职位，而在于教师有没有高尚的师德、丰富的学识、生动的个性、感人的故事在学校里流传。"当你的学生将你的感人故事在校园里、在互联网上传颂的时候，你就成为一名受学生喜欢的老师啦！

电影的教育价值

电影在丰富人们的精神生活方面有着不可或缺的作用。尽管今天的人们可选择的娱乐方式比过去丰富了许多,但看电影还是很多人喜欢的娱乐方式。

◌ 好电影是一本书

在儿时的记忆中,看电影的经历是令我难忘的。虽然只有《决裂》《海港》《沙家浜》《红灯记》等几部样板戏,里面的台词都能整段整段地背出来,但只要放电影,我还是会兴高采烈地去看,或是在自己的村子里,或是到邻近的村子里。

记得七八岁时的那个夏天,几里路之外的一个村庄要上演朝鲜故事片《卖花姑娘》,我和小伙伴们相约去观看。银幕就架在村子里的街道上,正面没有合适的位置,坐到背面同样可以看。那天好几个村庄都在放这部电影,但电影胶带只有一套,需要轮流倒片。电影有好几盘带子,负责倒片的人觉得跑来跑去太麻烦,将第一盘带子送到之后就不跑了,等别的地方全放好了再一起送过来。这下好了,看了一个开头,没有片子了,大家边玩边等,到夜里十点钟左右才继续放映。我在继续放映前玩得有点儿累,就爬到一个麦秸堆上斜躺着看,没想到看着看着就睡着了。

等到一觉醒来，看电影的人们早已散去，街道上只剩下我一个人。我心里直发慌，爬下麦秸堆，抄近路往家走。途中经过一片坟地，夏日夜间的磷火在空中飘拂着，让我联想起电影里女巫婆的那句台词："从东南方吹来的邪气，吹走了你们家的运气。"不禁毛骨悚然，加快脚步往前跑。但自己一跑，就有一个声音跟着自己的节奏跑；跑慢了一点儿，跟着的脚步声也慢了。当时不知道这就是自己弄出来的声音，自个儿把自个儿吓坏了。

夏昆在他的著作《教室里的电影院》中，也谈了他年少时看电影的经历，引起我很多共鸣。当然，这些故事只是作者为这本书做的铺垫，意在告诉大家自己喜欢电影的缘由。夏昆成为语文教师后，不甘于每天分析字词句篇，想在常态化的教学之外，提供一些更有利于提升学生人文素养的课程内容。于是他开始了语文、诗歌鉴赏、音乐鉴赏和电影鉴赏等四门课程的教学探索，在高中繁重的学科学习任务中，给学生送上了一份份心灵鸡汤。夏昆固执地认为：一部好电影不亚于一本好书，而要鉴赏一部好电影，同样需要有较高的审美水平和相关知识。人生如果有美的东西相伴，不管这美的东西是音乐还是诗歌，是绘画还是舞蹈，都会因此而精彩。

◎ 用电影构建学习共同体

今天的教育，有许许多多的问题需要我们去面对。

比如独生子女教育的问题。目前在大城市中两代均为独生子女的家庭很多，这种现状不仅使传统的家庭结构发生了根本变化，也引发了许多令人关注的社会问题。家长众星捧月地侍奉孩子，孩子易产生高人一等的感觉，容易导致以自我为中心，只关心自己，不知道关心他人；缺乏自制力和独立生活能力；不善交际，也很难适应集体生活。

比如教育培养人的问题。1982年，平克·弗洛伊德（Pink Floyd）乐队自编自演了音乐电影《迷墙》。在电影中，一群孩子被送上了一个巨大的传送带，一个接一个地被传入一个像巨兽一样的机器中；而从机器出口出来的，是一群高矮胖瘦完全一致、五官完全模糊的孩子。他们都直直地坐在课桌前，双手整齐地放在桌上，没有微笑，没有语言，没有区别，有的只是令人恐怖的统一。这样的教育场景，在当下的教育体系中比比皆是，甚至有过之而无不及。

比如关注心灵的问题。今天的人们忙着挣钱，忙着博取功名，忙着为实现自己的目标而奔波，忙着自己也不知道在做什么的很多事情……但对心灵关注得太少，无论是对别人的，还是对自己的……

之所以会出现如此多的问题，与我们推崇的认知主义的教育观是有很大关系的。这种教育观提出的内在动机理论在今天依然具有指导意义，但其最大的缺陷就是重知识、轻文化，对教师要求过高，多数学生跟不上，教学内容脱离社会生活实际。

帮助学生建立起一个互助型的学习共同体，让他们回归到他们原本所属的历史文化之中，学生的学习潜能才能得到充分的发挥。这样的路径不止一条，夏昆选择了鉴赏这条道路。特别是在电影鉴赏方面，他做出了富有价值的探索，为他的学生打开了一扇认识自己、了解世界的窗。

◯ 懂鉴赏才能收获更多

喜欢看电影的人不少，但看热闹的人多，真正懂得鉴赏的人少。

鉴赏并非一件很难的事情，只是因为没有人教你去学着鉴赏，所以你只能看热闹。

做夏昆的学生是幸福的，可以在高二整个学年中，利用晚自习的时间，用心去感受16部电影，并学着鉴赏和评析，在这个过程中逐渐提升自己对电影艺术、对人生、对社会的认识。

这16部电影被分成6个板块，向学生传递了不同的信息。

第一个板块是"爱、沟通与救赎"，由《天堂里遇见的五个人》《为黛茜小姐开车》《剪刀手爱德华》3部电影组成。夏昆相信，每个人都在长大，都要进入这个世界，有些东西无法通过学科学习学到，必须通过人与人的相处、亲身经历、自己的泪水或欢笑才能学到。学生要学会的，就是爱与沟通。

第二个板块是"艺术惊鸿"，由电影《海上钢琴师》和《毕加索的奇异旅程》组成。夏昆希望学生明白，艺术真实是高于生活真实的。很多时候，艺术需要想象和夸张，甚至需要扭曲和变形。经典如果只是被供奉在圣坛上，那么也就注定了它的死亡。

第三个板块是"艰难时世"，介绍了电影《三峡好人》。夏昆通过电影对身处社会最底层的人们的生存方式的再现，引发学生对社会各阶层的关注，以此来找寻中华民族之根。

第四个板块是"另眼看教育"，由《三个傻瓜》《放牛班的春天》《死亡诗社》《浪潮》等电影组成。看了这些电影，师生就会发现，大家都是被体制束缚的人，内心对体制深恶痛绝，但离开了体制，又无法生活。

第五个板块是"自由与尊严"，由《肖申克的救赎》《勇敢的心》《与狼共舞》等影片组成。这些电影在提醒我们关注世上的美丽与丑陋，关注爱，关注艺术，关注自由，以及一切需要关注的人和事物。

第六个板块是"别具一格的结构"，由《贫民窟的百万富翁》《罗拉快跑》《暴雨将至》等电影组成。高中生的专业电影知识是有限的，但他们通过电影的叙事技巧，来体会一下编剧和导演的艺术手法，也是很有趣味的。

夏昆认为，鉴赏如上课，只有通过观影后的研讨，才能引导学生更深入地思考，更细致地分析，才能真正达到鉴赏电影的目的。因此，每一部电影他都精心备课，不仅在观影前的导视上花费了很多心血，更重视学生观影后的研讨。除了当场表达感受之外，每个学生都要写出观后感，让自己的思考得到升华。夏昆对电影的分析和评价颇具专业水准，这在本书中得到了充分的展现。

发现身边的真善美

很多教师把自己比喻成"麦田的守望者"。不过在夏昆看来,教育不是什么麦田,而是一间黑屋子,里面关着学生,也关着老师和家长,大家在这间黑屋子里苟延残喘、痛苦挣扎。这间屋子原本是有窗户的,只是不知道被谁挡住了。夏昆想去做个窗边的守望者,把那些想来挡住这扇窗的人一脚踢开,好让学生看到,窗外有很多美好的景色。

而电影就是夏昆给学生打开的一扇窗。他认为,真善美是三位一体的,以真来促善,以美来导善,这样的教育才是真正的教育。他坚信,电影可以帮助学生认识美,了解美,进而创造美,在这个过程中建立学生的自信心,培养荣誉感和团结协作精神,并在不知不觉中改变学生被扭曲的价值观,最终达到引导学生向善的目的。

夏昆教的学生也意识到,通过用眼睛看,用心体会,他们接触到了美好而真实的世界。而这时候养成的习惯、形成的思维和对世界的认知,都会深深影响未来的某个决定。

教育不就应该成人之美吗?教育需要成全,而真正的成全绝不是单方面的。在美好的教育中,教师总是和学生一起被播种,一起被呵护,一起被培养。

夏昆是一个为艺术而生的教师。他不仅热爱音乐,弹得一手好吉他,也热爱文学,在传道授业方面更是得心应手。与这样的教师相遇,与这些发人深省的电影相遇,是孩子们的福气。

夏昆在自序中引用了苏珊·桑塔格(Susan Sontag)的一句话:"电影的诞生是个奇迹,奇在现实竟能如此奇妙地瞬间再现。电影的全部就是在努力使这种神奇感永存和再生。"夏昆正是给孩子们提供了一个个见证奇迹的时刻。

用心写就的成长故事

史沃普（Sam Swope）是一名童书作家。一个偶然的机会，他获准在美国纽约皇后区的一所小学开办为期10天的写作工作坊，教班上28个孩子写作。对他来说，最大的挑战是这28个孩子来自21个不同的国家，说11种不同的母语。他在《我是一支爱写作的铅笔》一书中详细记录了这段经历。

○ 培养想象力的重要途径

写作时找不到话题，不知道该如何下笔是常见现象。很多孩子把写作视为一件非常痛苦的事情，应该得到充分理解。

在第一节课上，面对这些对写作备感苦恼的学生，史沃普在黑板上写了两个字——"很久"，然后问学生接下来该写什么。答案显而易见，"再写'很久以前'"！史沃普告诉学生，文字也会觉得寂寞的，它们会悄悄地让你把其他的文字放在它们旁边。

然后，史沃普写了这样一句话——"很久很久以前有一位老师"，让孩子们看看还有什么词语可以放在它旁边。于是，"学校""功课""考试"……一个个词出现了。接下来，"学校"的后面又可以写出很多，包括"学生""教室""食堂""校园"等；"学生"也可以和"巨人""巫师""怪兽""外星人"等建立联系。没多长时间，一个带有故事情节的词汇链在孩子们的头脑中建立起来了，每个人的心中都有了一个非同寻常的故事，孩子们迫不及待地想要将它写出来。

孩子们在生活中积累了大量的认知体验和生活经验，要将这些体验和经验整合起来，变成自己独特的思维和文字，关键是要找到一根"丝线"，把那些看似相互独立的经验和实践串联起来。实际上，这也是培养孩子想象力的重要途径，联系的经验和事实越多，想象力就会越发丰富。

在四年级的写作教学中，史沃普设计的一个写作主题是"岛"。如何建立属于自己的岛屿呢？他找来一张张很大的纸，让孩子以舒服的姿势躺在上面，让一个孩子将同学们躺在上面的各种姿势的轮廓描绘出来，然后，按照等比例缩小，以便可以在课堂上使用。接下来是绘画，孩子们按照自己的意愿，给岛屿的不同部分涂上自己喜欢的色彩。为什么做这样的设计？里面一定有孩子们的想法，于是一个个故事也应运而生了……

到了五年级，史沃普在以"树"为主题的写作教学中，增加了一项新的内容——到中央公园实地考察树木，观察一年四季树叶色彩的变化，感受不同树种生长的差异，体验爬树的快乐……一棵大树每天吸收的水分、每年树芽发育的时节、行将枯萎的树干依然具有的坚强生命力、树林中的植物和小动物等构建的多样化生态系统，这一切都让孩子们沉醉，也让他们体会到了自己的身边是有许许多多美好事物的。

◯ 教学需要协调各方资源

史沃普带的是一个资优生班，学校对班上的学生寄予了厚望。但即使是资优生班，孩子的情况也是非常复杂的。学校处于移民杂居区，孩子们的家庭背景五花八门，有着不同的宗教信仰和风俗习惯，对学习的渴望和需求也各不相同。有很多家庭生活艰难，孩子的父母整天忙于生计，无暇顾及孩子的学习；有一些家庭处于破裂的边缘甚至已经破裂，给孩子的心灵带来了很大的影响。史沃普在教学的同时，也需要熟悉孩子的生存环境，以便针对不同的孩子开展不同的教育。

这让我想起了各大城市里外来务工人员的随迁子女。这些孩子跟着父母四处漂泊，四海为家。虽然国家出台了相应政策，义务教育阶段的求学不成问题，但频繁的流动、各地风俗习惯的差异，还是给他们的学习和生活带来了不小的影响。对一个孩子来说，在青少年时期有一个安定的生活环境对一生的成长是至关重要的。和我国的随迁子女相比，史沃普教授的这批学生情况更加复杂，他们来自不同的国度，语言上的差异、宗教信仰上的冲突等问题，都是他在教学过程中必须面对的。

　　史沃普意识到，要让自己的教学达到预期效果，有几个方面的力量是一定要借助的。一是学校的校长。校长对这门课程的认识，直接关系到自己能否继续做下去。要多和校长交流，将自己的意图讲给校长听，主动争取校长的理解。二是教授这个班级课程的教师。史沃普的写作课程经常需要班级的课程教师参与其中，协助他来管理学生才能够实施下去。但不同的教师对写作课程、班级管理理念的理解有很大的差别，史沃普需要一个个地投其所好，赢得他们对写作课程的支持。三是学生的家长。有些家长对孩子的教育非常重视，每天上学和放学路上，都会陪着孩子，愿意为孩子付出更多的努力。对这样的家长来说，最需要给他们提供的是孩子成长方面的一些建议。有些家长自己尚且不会说英语，根本无法和老师单独沟通，孩子成了双方交流的媒介。对这样的家长来说，要设法让他们感受到孩子在学校里学习是愉快且有成效的，这对提振家长的信心很有帮助。有些家长有着鲜明的宗教信仰，教师在教育他们的孩子的时候，就要尊重他们的信仰，包括一些角色的扮演，都要兼顾到这些方面，以取得家长对孩子、对学校的信任……

　　正是因为协调和有效运用几方面的力量，史沃普的写作教学得到了各方的支持。在孩子们进入五年级后，甚至有出版社跟他们邀约，要将孩子们这一年写作的故事汇集起来，正式出版一本书。

　　用心去做一件事情，工作中的很多困难都能被克服，身边的很多资源都会被整合，形成推动工作的合力，这就是史沃普带给我们的启示。

◎ 用爱谱写教育的传奇

原本十天的写作工作坊,最后演变成陪伴这批学生三个年级的长期写作课程,且在之后的其他时间里,史沃普的所有教学劳动都是自愿的、无偿的。是什么力量促使他不计报酬、坚持不懈地陪伴这些学生一直走到小学毕业,并且承诺在毕业那一天送给大家一本集体创作的作品集呢?如果用一个字来概括的话,那就是"爱"!

和孩子们在一起,让史沃普觉得非常开心。尽管有的时候孩子并不完全配合他,甚至对他产生误解、恶言相对,也依然改变不了他对孩子的这份关爱。一个暑假没有见到孩子们,他非常想念他们,以至于在开学的第一天,偷偷地跑到教室外面,观察一个个孩子历经暑假之后的变化;听说他们对口入学的中学校风不是很好,他立刻行动起来,搜集皇后区其他中学的入学资料,走访这些学校,和负责招生的老师交流,为自己的学生寻找更好的发展机会。在他的努力下,有一批孩子自愿参加少数族裔学生培训计划的甄别考试。他非常高兴,在开考之前跑到考点,在拥挤的人群之中寻找自己教的孩子们,为他们鼓劲和祈福,并和他们的家长沟通、交流,希望在培养孩子方面取得共识。

史沃普虽然仅仅承担着辅导孩子写作的教学任务,但他并不局限于这些工作。他努力抽出时间来一对一地和孩子讨论写作的方案,记录孩子成长中的每一个瞬间,同时在相互交流的过程中觉察孩子在平时生活和学习中的其他问题。他注意利用各种机会和家长沟通,并经常深入孩子的家庭,对孩子的成长环境做全面的了解。他深知,家庭教育对孩子的发展起着潜移默化的作用,转变家长的思想观念其实更加重要。

一个用满腔的热忱对待所教的孩子、对待自己所从事的事业的人,总是能够做出与众不同的成就来。史沃普就是这样的人。

"迈考特是世界上最好的老师"

在教师自助餐厅里，一个年轻的教师坐在那里，他即将开始教师生涯。《教书匠》的作者弗兰克·迈考特（Frank McCourt）先生给他的建议是："找到自己喜欢的事，做自己喜欢的事。"这句话是迈考特从教一生的感悟精华。

◎ 一个为人诚实的教师

在《美国学生品德规范准则》中有这样一条准则："一生中，在所有的问题上都要诚实。"迈考特就是这样一位内心与言行一致的教师。他在和学生相处的过程中，从不隐瞒自己的真实思想，不掩饰自己的真实感情。正因如此，他才让学生感到这位教师是如此的真实、可信，才让学生愿意在他的面前敞开心扉，跟着他一道学习。

初为人师时不知所措、和学生一起说他们流行的"低俗"话语被家长举报、在教书期间没有写过一本书却承担了创造性写作课的教学任务、私生活中的各种故事……听他讲述三十载从教生涯中的苦涩与甘甜，感觉似乎在讲别人的故事，坦诚得令人吃惊。也正因为毫无伪饰，读起来如春风拂面，让人神清气爽。

将迈考特和自己进行对照，我发现自己离真诚还是有一定距离的。有的时候，自己就像一个装在套子里的人，将真实的思想感情隐藏起来，像小丑一样在讲台前拙劣地表演，自己还以为做得很成功。殊不知学生们一个个火眼金睛，一下就能看出你是用真心对待他们还是糊弄他们。

你怎样对待学生，学生就从中学会怎样去对待他人。我们常批评这个社会缺乏诚信，人与人之间缺乏真诚，当我们发表这些评论时，其实首先应该反思我们自己是否诚实。

○ 一个勇于创新的教师

教师依据教材来上课，说起来是天经地义的事，但照本宣科地教，学生仅能学到一系列的字母和符号，不可能了解知识在生活实践中的价值和意义，当然更不可能学以致用。

迈考特是如何做的呢？不妨看三个案例。

案例一："约翰去商店"

当迈考特在黑板上写下"约翰去商店"这句话，并让学生分清主语、谓语时，学生的苦恼在脸上表现得淋漓尽致。他们是职业学校的学生，不想上这么令人讨厌的语法课，课堂里怨声载道。

迈考特问了一个问题："约翰为什么去商店？"这个问题让学生很吃惊，这和语法有什么关系呢？迈考特说没关系，然后让学生展开想象，说说约翰为什么会到商店里去。于是，有人说约翰去买书，以便求职的时候书上的知识能够帮助他；有人说他没带钱，去商店里抢东西，结果被警察抓了起来……就在不知不觉中，学生做了语法的练习，并逐渐明白了句子结构。

案例二：写请假条

在家长写的请假条中，有相当大的一部分其实是学生自己伪造的。迈考特发现，学生伪造的请假条一般写得语言流畅、观点集中、言辞恳切，且充盈着奇思妙想，是写作课上生动的素材，于是一堂以"写请假条"为主题的写作课，在学生还没有反应过来的时候开始了。

迈考特让学生以夏娃、亚当的身份给上帝写请假条，可以自由发挥写出让自己满意的请假条。平时需要遮遮掩掩的伪造行为，现在变得光明正大了，他们一个个情绪高涨，一蹴而就。平常让他们写一篇300字左右的作文，他们都唉声叹气，说无话可写；现在写起来一个个下笔如有神，很快就写出了四五百字。有个学生以犹大的身份写给耶稣的请假条，恰好被巡查学校的教育局局长看见，迈考特原本准备接受局长和校长的批评，收拾行李辞职，没想到却受到局长的大力褒扬，让他心花怒放。

案例三：创造性写作

迈考特知道吸引美国青少年的注意力有两个基本话题——性和食物。性这个话题要小心对待，而食物却可以做很多文章。于是有一天，每个学生都从家中带来了自己最喜欢吃的食品，课堂从教室转移到了公园，这不仅让学生大开眼界，大饱口福，也让在公园周边工作的医生和警察尝了尝鲜。

光吃完还不够，菜谱也带过来了，于是学生们发挥所长，朗诵、吟唱菜谱，用各种乐器演奏菜谱……他们不仅在其中体验了快乐，而且扩大了词汇量，认识了很多先前不知道的单词，并掌握了拼写，获得了启发，思考了更深入的问题，写出了发人深省的文章。

迈考特的课堂就是这样，反对照本宣科，处处创造惊喜。看似无心，任学生天马行空；实则有意，一根无形的风筝线牢牢地牵在他的手中。他能让顽劣不化的学生从心底说出"迈考特是世界上最好的老师"这样的话，他用真情感化了初恋女友那个惹是生非的儿子。从骨子里蔑视权威和规则的他最终赢得了学生的认可和家长的好评，当之无愧地被评为美国的优秀教师。

○ 一个崇尚自由的教师

理想的教育是让人的个性得到充分自由的发展。迈考特认为不会有人获得完全的自由，但是他要帮助学生将害怕赶入角落。"害怕→自由"，这是迈考特的教育公式，也是他着力促使学生实现的人生转折。

看看学生心中的问题或困惑吧：

迈考特先生，你有那样悲惨的童年，所以你有很多东西可以写，但我们的生活都很平淡，有什么东西可以写呢？

迈考特先生，我知道的都是一些街头故事。在我生活的街道，到处都是毒品贩子，人们之间的对话都是脏话，因此我没有什么可以在班级里朗读的。

迈考特先生，我们该如何在成绩单上评价自己呢？我们没有做过多项选择题，没有做过判断题，我们的成绩如何写上去？

…………

一系列问题的背后，实际上隐含着学生心中的某种担忧和害怕。迈考特让大家明白，每个人的身边都有一个宝藏，有无穷无尽的故事等待我们去挖掘；所有的事情都可以拿到课堂上讨论，只有自己心中不存在偏见，才会发现人性的美好；学习是学生自己的事情，学得好与坏最关键的不是他人的评价，而是自己给自己打多少分。

迈考特用火热的心，将爱的种子播撒在每个学生的心田。就在这种潜移默化中，学生一个个变得自信起来。他们带着正气、观察力和丰富的想象力走出迈考特老师的教室，走向社会。

第 56 号教室的文化场

多年前,我曾被委派到菲律宾三宝颜市中华中学讲学。该校每一间教室都有一个特别的名称:幼稚园的班级用各种各样的钻石来命名,让人联想到孩子的珍贵;小学的班级用不同的树木或花卉来命名,让人联想到孩子如花、众木成林;中学的班级用古代的先哲和科学家来命名,如"孔子班""孟子班""牛顿班""阿基米德班"……激励孩子们奋发上进。

中华中学想要营造的是有着"兰室"那样的芬芳、氤氲着"光辉"的教室吧!建设有文化的教室,使它具有鲜明的精神特色,让每一个进入这间教室的学生都被这一文化感染和熏陶,通过一届届学生的传承来形成教室的"文化年轮",是教师的一项重要工作。

◌ 建设互相信任的教室文化

《第 56 号教室的奇迹:让孩子变成爱学习的天使》的作者雷夫·艾斯奎斯(Rafe Esquith)就是这样一位教师。他任教的学校位于洛杉矶郊区最"贫穷""晚上有枪响的社区",大多数学生有太多的"坏习惯"和不良嗜好,有些学生"几乎说不了几句英语"。20多年来,他一直坚守在 56 号教室里,用自己的行动实现了一个梦想——让每一个走进来的学生都能找到这间教室的"魂儿",即"信任"。

在周围的学生都对读书感到厌倦,在老师们都觉得这些学生无可救药的时候,雷夫班级的学生一个个很早就来到学校,比别的班级的学生提前两个小时开始学习;放学后也不离开学校,和雷夫老师一起再学习两个小时以上;到了周六,还会主动回到学校,继续和雷夫老师一道学习……很多学生,虽然已经完成了五年级的学习任务,到了新的学校、新的年级,仍然坚持每周六回到第56号教室,和雷夫老师一道学习,直到一个个被美国著名高等学府录取。

将教师和学生凝聚在一起的,是信任!雷夫说,大多数课堂都建立在恐惧的基础上:学生对教师、失败和同学都充满恐惧,而他的课堂则充满信任。言行一致、善良、仁慈,数年坚守在同一间教室的他,让学生感到无比踏实,自觉自愿地来到这里。

○ 创造适切的管理文化

如果没有出色的课堂管理方法,面对这群"学困生",很多教师都上不了课,而雷夫却有两大"法宝"。

一是依据科尔伯格(Lawrence Kohlberg)的道德发展阶段理论,给孩子确立了学习、做事的标准。他努力让孩子明白,做模范公民既不是因为他,也不是因为回报或恐惧,而是因为一个人要有自己的为人处世原则。

二是在自己的教室里建立了一个经济体。新学期的第一天,每个学生都必须申请一份工作。这些工作都有"报酬",学生需要利用自己的"收入"来"租"学习的座位。他们还要"纳税",领取"奖金",购置"财产"。这套制度不仅让学生学到了数学和经济学,还创造了一种氛围,让学生明确地知道奖惩规则,让他们感到这间教室对自己是有意义的,如果遵守规则,勤奋努力,自己也有成功的机会。

希望孩子成为什么样的人,自己就首先要做这样的人。雷夫是这么说的,也是这么做的。他利用班规让孩子们懂得了礼仪和尊重,利用"虚拟的经济制度"让孩子们懂得了奖惩规则和"成功无捷径"的道理。

正是通过这些途径，第56号教室营造出了一种独特的文化氛围，与孩子们身处的生活社区形成了完全不同的"传统"。

◎ 锤炼育人的课程文化

学生为什么不愿意努力学习？审视当下的社会，你就会明白其中的原因。除了各种娱乐活动外，我们还创造了一个"速食"社会。一个学生在网上观看最新电影的同时，还在喝速溶咖啡；购买东西不用出门，外出旅行方便、快捷。在年轻一代看来，很多东西都能轻易获取。这样的事实让他们不愿意去努力工作。我们一天到晚高喊的"减负"口号，也让他们对自己降低要求找到了依据。很多学生学习成绩不好不是能力有问题，而是尚未培养出思想上的韧性，以及孜孜不倦、不屈不挠地克服困难的精神。

雷夫非常清楚，学生一旦离开了这个班集体，就会被电子游戏、电视节目或者互联网吸引。学生大多无法抵挡这些诱惑，而那些不太关心儿童成长的人依然在精心策划能吸引儿童注意力的各种活动。教师责任重大，要设法设计和当今社会的各种娱乐活动相抗衡的学习活动，吸引和引导学生积极参与。

在雷夫的教学活动中，有两项活动特别值得推介。

一是阅读。阅读是最重要的一门课程。如果学生不能学着好好读书并且喜欢阅读，那么他在其他方面发现成功和幸福的机会就很小。雷夫希望他的学生能理解，他们的阅读和写作能力是生死攸关的事情。

在指导学生阅读方面，雷夫花费了大量的心血。和学生一起阅读学生喜欢的书，让学生感受到教师的热情；了解每一个学生的特点，给他分配恰当的读书任务；抛弃那些规定的学习材料，让学生直接阅读马克·吐温（Mark Twain）、莎士比亚（William Shakespeare）、狄更斯（Charles Dickens）等名家的作品等，是雷夫经常使用的方法。雷夫的体会是：当你已经激励学生达到一个高水平时，就没有必要让他们在那些低层次的任务上花时间了。

有些教师自己不读书，在指导学生阅读方面也缺少办法。有"学困生"学习困难的原因就是不能顺畅地阅读。雷夫强调，为使学生成为优秀的读者，付出多少代价都应在所不惜。家长和教师要先成为阅读者。

二是远足。雷夫每年都筹集资金带着孩子们参加艺术、体育活动。

活动前的准备工作非常关键。每年雷夫要带五年级的新生到好莱坞露天剧场去进行年度的第一次旅行。这一活动要提前两个月准备。雷夫要为每一个孩子准备在露天剧场将要聆听的所有音乐节目的CD，接下来，孩子们要写一份报告，介绍和这些节目有关的音乐家。孩子们要用各种乐器弹奏这些节目中的部分篇章，看大家能否识别曲子的段落和主题。然后，雷夫在教室里布置和露天剧场一样的环境，播放国歌、当天表演的曲目，看孩子们能否安静地听完这两个多小时的音乐会。播放结束的时候，孩子们要礼貌地鼓掌致谢。如果全体人员都通过这一"考试"，那么大家就一起去参加音乐会；如果大家做得不够好，即使准备了再长的时间，也不去参加。到了真实的露天剧场时，纪律问题不需要雷夫来管理，他可以安心地听音乐，孩子们也能安心地听音乐。

反思一下我们平时组织的学生集体活动吧。到了活动地点之后，学生就像蝗虫一样四散开来，各个班级的班主任一个个累得筋疲力尽；活动期间经常有意外的事情发生，在本来需要安静的场所，会看到不少学生跑动的身影，会听到各种各样喧哗的声音……当我们批评学生缺乏礼貌、不懂规矩的时候，我们更要明白，学生身上呈现出来的问题，与我们事前准备不充分是有很大关系的。

雷夫用自己的亲身经历告诉我们，尽管孩子的成长和家庭、社会等因素有着密切的关系，尽管孩子进入自己班级的时候成绩差得不可想象，但只要教师自己不放弃，坚信每一个孩子都是渴望学习的，都愿意为自己的成长付出艰苦的努力，那么就可以在自己的教室里创造教育的奇迹。

如何构建以学生为中心的课堂

随着平板电脑、智能手机等电子设备的普及,教师突然发现自己的教学面临着新挑战:原来是知识的传播者,现在远不如数字设备提供的信息丰富;原来精雕细琢的课堂,和网络视频一比差距还很大;原来循循善诱的教导,不如新媒体的一个段子来得深入人心;原来是学生成长的引领者,走进数字时代后发现需要学生引领的时候更多……

学习是学生自己的事情,只有学生自觉自愿地参与到学习中来,才能达到预期的教育目的。构建以学生为中心的课堂,转变以教师为中心的观念和教学方式,让师生都对学习充满期待,是数字时代的课堂教学转型发展的方向。以学生为中心的课堂教学,有以下几个基本特征。

◎ 教师和学生都对学习充满期待

绝大多数的学生对每学期的春游或秋游活动都充满了期待,从获知春游或秋游活动的消息时起,就开始做各种各样的准备,以使活动更加精彩难忘。以学生为中心的课堂教学也应如此,其最大的特点就是让教师和学生都对学习充满期待。

新学期的第一周,对每位教师来说都是非常重要的,其中第一节课尤为重要。教师要给学生创设一个安全无忧的环境,让他们在课堂里感觉舒适;要让学生感受到教师会为他们的成功负责,体会到新学期注定是不平凡的，对这一学期的学习充满期待；要创设师生之间、生生之间良好互动的氛围，了解学生对学习的内在需求，培养学生分享经验的习惯，提升集体的凝聚力。

到一个新的环境后，我们难免会有很多不适和恐惧，最希望的就是能有一张地图，可以按图索骥，找到自己想去的地方。想想看，学生学习的每一门课程、每一节新课，其实面对的都是新问题、新环境。因此，无论是整个学期的教学，还是每一节课的学习，在开始之前教师都要给学生一张清晰的"地图"，让学生知道自己的起始位置在哪里，要到达的目标位置在哪里。当学生对学习目标和内容有比较清晰的认知时，他就能对自己的行为做出预判，并选择适合的路径向目标靠拢。一步步逼近目标的过程，也让学生和教师对学习的进程有了更多的期待。

构建和谐的师生关系，也是让大家对学习充满期待的好方法。关系的构建需要师生双方共同努力，但教师在其中的主导作用是显而易见的。教师可以从诸多方面做出努力。比如，精心设计每一节课，注重与学生的现实生活相关联，让学生感受到知识的价值和魅力；做一名好的听众，倾听学生以及家长的所思所想，不要试图去"教诲"，而要敞开心扉将自己内心的感受告诉对方；主动听取学生对自己教学的反馈并加以改善，真诚地向学生展示自己积极的教学态度；等等。

○ 教学是为了提升学生的学习能力

在学校里经常可以见到这样的情况：教师在课堂上口若悬河，讲得头头是道，学生也为教师的渊博知识所折服，但一堂课下来学生的收获却不多。原因何在？其实就在于教师将讲台看成展示自身才华的舞台，仅仅让学生做了观众，课堂教学没能提升学生的学习能力。

《以学生为中心的翻转教学11法》中有这样一个故事。孩子要上幼儿园了，父母每天帮助孩子系鞋带，并将步骤和口诀一次次地演示给孩子看。等到孩子入园时才发现，孩子虽能娴熟地背诵这些口诀，但就是不会系鞋带。作者由此提醒教师，培养学习能力不仅仅是让学生记住知识，更重要的是学以致用。

在实际教学中，教师更关心的常常是教学计划的完成情况，而不是学生学到了什么。因此很多教师不喜欢和学生互动，不喜欢学生在课堂上提问，因为这总会干扰自己教的节奏，这是以教师为中心的课堂的典型样态。而真正以学生为中心的教师在教学中关注的则是学生学到了什么，学的知识是否可以用来解决实际问题。教师时刻关注学生的肢体语言和情绪上的细微变化，懂得随时调整授课节奏，尽量给学生提供理论联系实际的机会，促进学生真正理解，帮助学生走向成功。

提升学生的学习能力，需要教师转变观念，将课堂上的话语权让给学生。只有学生将学习中的疑惑表达出来了，教师才能知道学生的问题在哪里；从学生讲出来的那些语焉不详的话语中，教师或许能辨别出解决这个问题的另一种思路。让学得比较好的学生帮助他人，虽然不是讲解新内容，但能实现学生从优秀到卓越的飞越；让小组之间展开互动，在学生的话语体系下，原来比较深奥的问题或许就能便捷地被理解。

提升学生的学习能力，需要教师在课堂细节上多下功夫。就拿课堂提问来说，很多教师常低估学生提问的能力，其实是因为平时没做到有意识地对学生加以培养。如果教师将鼓励学生积极提问作为教学的准则之一，每当学生提出一个好问题就当众大声念出来予以鼓励的话，不用多长时间学生就能提出一个个有质量的问题了。

作者还对教师提出了"两个希望""一个变化"。"两个希望"即希望教师在任何时候都不要说出教师所提问题的答案，把回答的权利交给学生；希望教师要求学生有问题时才举手，而不是想回答问题时才举手。"一个变化"指教师不能只让举手的人回答问题，而是随机抽取学生，以保证每个学生都积极准备回答。

学生学习能力的提升，不仅仅体现在对学科知识的掌握上，更体现在文化素养的提升上。优秀的教师善于在传授知识的同时，挖掘知识背后的文化要素以及所承载的价值观，让学生获得心灵的洗涤。

◎ 让学生明白靠单干完不成学习任务

学生为什么到课堂学习？那是因为靠他单打独斗无法完成学习任务。对于这一点，相信有不少教师依然认识不清。满堂灌的教学方法、形式化的小组学习，在今天的课堂上仍相当普遍，教师或许也希望学生能够参与学习，却没有做到有意识地让学生积极地与同学互动、与教师互动、与教学内容互动、与教学媒体互动。

尽管同时坐在教室里，但每个人获得的信息经常是不一样的，对信息的理解也有很大差异。如果没有充分的互动交流，学生就很难知道自己学的知识是否完整和全面，教师也很难判断教学任务是否完成。教师要善于把学生的注意力从他自己身上转移到建立课堂参与的氛围和课堂文化上来，让学生与手头的学习内容互动，从而促进创新思维的形成。

有质量的学习问题是促进师生之间、生生之间互动的桥梁。比如，对于"在过去的 50 年中，你认为最杰出的美国总统是谁，为什么？"这样的问题，不同的学生或许会给出不一样的答案，要有理有据地说服别人认同自己的观点，不是一件容易的事情，也不是一个人可以独立完成的。

借助翻转课堂数字平台、教学视频网站等新媒体平台，建立起来的围绕学习内容的互动交流新方式，现在越来越受到学生欢迎。它不仅拓展了学习的时空，更为学生的讨论和交流提供了便捷的通道。原本不愿意在课堂上当众表达的学生，可以通过这样的平台发表自己的观点和见解，让教师更加全面地了解每一个学生的所思所想，也让学生之间通过思维的碰撞重建自己的知识结构。

在课堂上营造鼓励学生积极畅所欲言、各种观点都会被接纳和理解的文化氛围，是教师的重要工作。

教学始于技巧

毕加索（Pablo Picasso）之所以成为举世闻名的画家，是因为他在学生时代就已经练就非常扎实的素描技术。伟大的艺术通常依靠的是对基本技能的掌握和应用，教学也是如此，教师只有先勤学苦练教学基本技能，才有可能成为教学艺术家。

道格·莱莫夫（Doug Lemov）是美国非凡学校集团的领导者，这个集团下辖14所特许学校。《教无不胜：卓越教师的49个秘诀》是他为这些学校教师撰写的教学指南，告诉教师要成为教学艺术家，必须练就好哪些教学技能。

◎ 设定高的学习期望

每个孩子都有极大的发展潜能，教师要始终相信这一点，并为他们设定高的学习期望，激励他们奋力前行。

给学生设定高的学习期望，是需要具备一定技巧的。莱莫夫总结了五种比较重要的教学技巧，分别是：杜绝退出、对就是对、不断拓展、形式重要和无须道歉。这里重点谈谈杜绝退出。

教师在课堂上提问的时候，经常会遇到不愿作答的学生，"我不知道"是这些学生的口头禅。一些教师出于赶教学进度等原因，往往不再继续追问，而是另选一个愿意配合自己的学生来回答，这让那些想逃避教师提问的学生得到了躲藏的机会。杜绝退出的目标就是要把"我不知道"这句话驱逐出课堂，让每个学生始终保持注意力，无法逃避提问。

杜绝退出这一技巧其实非常简单，就是教师从学生不能回答的问题开始引导，直到他能给出正确答案或能重复正确答案为止。如果一个学生在课堂上说"我不知道"，教师就会去提问别的学生，但在他人给出正确答案之后，一定要让这个学生再次回答该问题，必要的时候还会提出引申的问题要求他继续回答。当学生发现自己身处必须正确回答问题的课堂文化场中时，他就会对自己的行为动机进行评估，并积极参与到学习中来。

学生的许多行为是机会主义的，如果他发现在课堂上回答"我不知道"比回答具体问题来得方便、更好应付教师的话，他就会选择不回答；如果他发现自己趴在桌上睡觉而教师不管的话，他就会经常趴着。学生不参与到学习活动中来，很多时候是为了逃避、为了规避责任。如果教师没有及时发现他这种倾向，让他在课堂上一次次"得逞"，最终这就会变成一种习惯，从而导致课堂气氛死气沉沉。

◌ 有效组织课堂教学

本书介绍的绝大多数技巧，直指课堂活动的具体细节，无论是青年教师、有丰富教学经验的中老年教师，还是已经走向卓越的教师，都可以在其中找到可借鉴之处，帮助自己进一步提高课堂教学效益。这里给大家推荐其中的两个技巧。

先说按部就班技巧。如果你喜欢体育运动，就会发现最好的教练通常不是出自最有天赋的运动员或超级巨星，而是来自接近卓越但不那么顶尖的运动员。原因之一，是超级巨星有非同一般的运动天赋，有很多知识是默会的、不言自明的，他的成长靠的是直觉和顿悟，而不是按部就班地解决问题的思路和程序。我在考驾照期间，就遇到过类似的情境。师傅一张口就是好几条指令，让我们这些初学者无所适从。看到我们的动作不能达到他的要求，他立刻就会发脾气，弄得大家一个个精神都很紧张。

教师在教学过程中，时不时也会有类似的情况出现。长期浸淫于所教学科，对学科知识烂熟于心，这本是一个优点，但如果不从学生学习的角度多加思考，在讲述相关知识时，常常以为它们是那样浅显易懂，自己一说学生就能明白，而不注意教给学生理解知识和解决问题的步骤和流程，就会导致学生在课堂上似乎听明白了，等到动手时又无从下手。

直觉和顿悟不是天生的，而是在按部就班处理问题的基础上逐渐内化出来的。要培养学生的创新意识和创新能力，前提是让他们把握解决问题的步骤和流程，在此基础上再去自由发挥。按部就班技巧要强调的就是这一点，要求教师善于把复杂的问题分解为若干任务，把复杂的技能分解为可以操作的若干步骤，帮助学生学习它们。

解决问题的步骤不能太多，三到五个步骤是比较适合的，如果超过了七个，学生就很难记得住。和学生一起来确定步骤和流程的过程，其实就是让思维可视化的过程。教师可以通过让学生一道参与为每一个步骤命名等方式，让学生记住这些步骤，以便在遇到问题时很自然地重现相关程序。这既能帮助学生找到问题的答案，又能教学生怎样回答此类问题。学习能力就是在这一过程中逐渐提升的。

再来说走动技巧。教师上课的时候，通常的活动范围有多大？黑板到第一排学生之间，常常是教师活动比较活跃的区域，要突破这个区域走到学生中间时，很多教师是犹豫或者行动缓慢的。

莱莫夫强调，教师必须让教室里的每一个学生都能真切地感受到，你拥有整个教室，在教室里的任何时间去你想去的任何地方都是正常的。而要做到这一点，首先，要在课桌椅的编排上动足脑筋，保证你想去的任何地方都没有障碍。如果课桌椅挡住了你的通道，你需要请求学生将其搬走才能通过，实际上就等于将教室这个区域的控制权让给了学生。其次，要在上课开始的前五分钟内，让学生意识到你已经拥有了整个教室，接下来你将根据教学任务的需要随时走到教室的任何位置，而不是因为要维持课堂纪律而走到某处。

走动技巧对促进师生之间的全面接触，保障教学活动的全员参与等都有非常重要的作用，是从细微之处提升课堂教学效益的重要技巧。

创建和谐的课堂文化

学生在和谐的课堂文化中学习会学得更好，这一点已成为很多人的共识。如何创建和谐的课堂文化呢？莱莫夫告诉我们，关键是要把握以下五个原则，并将它们有机地组织起来加以综合运用。

原则一是"训练"，即教学生正确和成功做事的方式，理解成功的学习行为是怎样的；原则二是"管理"，即教会学生在做事时不要瞻前顾后，而要积极投入其中；原则三是"控制"，即你有能力让学生按你的要求去做，比如，在学生遇到危险时，你的一个指令就可以让学生立刻停止；原则四是"影响"，即你用对教育的自信和热情影响学生，激励学生渴求成功，发自内心为之奋斗；原则五是"参与"，即给学生创造大量参与学习的机会，安排许多非常有趣的、能让他们集中精力的事情。

其实，每一个教学技巧都是建立在上述原则基础上的。将这些原则整合起来协同使用，会让课堂文化发生质的变化。因为"训练"的缘故，学生逐渐学会了独立做事；在正确的"管理"下，大家都将目光聚焦在丰富多彩的学习内容上，行为偏差也很少出现了；采用"控制"的结果，既让课堂充满活力，又能保证教学的有效性；由于"影响"和"参与"，师生共同营造了充满信任、安全无忧的学习氛围，让学生能够全身心地投入学习活动中。

在上述五个原则的基础上，莱莫夫还向大家推荐了入室常规、确知无疑、快速转变、活页夹控等教学技巧，很值得教师仔细研磨。

教师和学生说话的艺术

教师用说话的方式来实施教学是最为普遍的方式。说话是人们互动交流的重要途径，也是各种问题出现的主要原因。正如《老师怎样和学生说话》的作者吉诺特（Halm G.Ginott）所说："语言既能使人文明，也能使人野蛮；既能使人受伤，也能使人得救。"教师和学生之间的说话方式对学生的成长有至关重要的影响。

◎ 防止暴力

说出去的话就像泼出去的水，是再也收不回来的。老师在和学生互动交流的过程中，如果不注意自己的语言表达，常常就会在有意无意中将语言暴力施加给学生。

骂人和训话，是语言暴力最常见的表现方式。一些老师常常因为一点儿小事就不由分说地将学生训斥一通，把和这件小事有关的、无关的所有事件都联系在一起，倾盆大雨般地发泄出来。最让学生难堪的是，老师为了自己"爽"，常对学生的人品进行一番讽刺和挖苦，让学生感到无地自容。

侵犯隐私，也是语言暴力的一种体现。看到一位平时活泼好动的孩子安静地坐着沉思，老师走过去问他怎么了，孩子回答说没什么。老师并不罢休，继续追问："你究竟因为什么而烦恼？"当孩子说没有为了什么而烦恼时，老师继续说："我了解你的性格，也知道你的情绪。你一定有什么心事……"老师或许是出于好心想给孩子提供一些帮助，但这种话只会让孩子觉得尴尬，只能导致孩子出现抵触和怨恨情绪。

质问也是一种语言暴力。一个孩子向老师哭诉自己站在大厅里，一个高年级的孩子走过来打了自己的头。老师听后说："他只是走过来然后就打了你，是这样吗？"孩子说："是的。"老师说："我不相信，你一定做了什么。"孩子说："我真的什么也没做。"老师说："我每天都站在大厅里，怎么没有人来打我？"孩子听后大哭起来。有些老师总喜欢站在自己的立场上去想问题，而不去理解孩子的感受和遭遇，这是质问这种语言暴力产生的根源。

○ 善用鼓励

用话语鼓励学生，让他们干劲儿更足，是教师最常采用的手法。这看起来简单，做起来其实并不容易。

首先，正确的鼓励能让学生产生安全感，即使在学习的过程中出现了错误或者失败，也不会产生恐惧。为什么随着年级的递增，学生越来越不愿意主动回答问题，举手发言的学生越来越少？一个很重要的原因就是，学生很恐惧和害怕，他们担心自己回答得不尽如人意而遭到其他同学的嘲笑。有些学生或许没有从语言上表现出来，但他们看待那些在课堂上回答问题时卡壳的学生的表情和眼神，也会让回答问题的学生深受打击。

我自己在学习英语时对此感受很深。我在中学阶段基本没有上过英语课，当时的学校里英语教师也很稀缺。因为高考突然宣布要加考英语，学校就从一家工厂调来了一名跟着广播自学英语的工人来当我们的英语教师，他用了很多"中国式"的英语来教我们，无论是在发音上还是语法上都对我产生了很大的影响。考上大学后，我一开口讲英语，就会引起一片笑声。虽然这些笑声并没有恶意，只是针对我那蹩脚的发音而已，但还是对我打击很大，以致我基本上不敢在公众场合开口。我始终学不好英语，就与这样的恐惧心态直接相关。像我这样学不好某门功课的学生其实有很多，如果教师在教学中能够洞察到这一点，通过自己的言行给予恰当的支持，消除学生的恐惧，或许就对学生一生的发展都将产生积极的影响。

其次，在鼓励孩子时，教师要给他们提出恰当的要求。比如，面对升学压力，每个孩子都会竭尽所能，争取考出好成绩。这个时候，如果教师对孩子说一些貌似仁慈的话语，说不定反而会打击孩子奋斗的信心。比如说，"你只要尽力就可以了，不管结果如何，我们都会满意的"。孩子听了这样的话，会认为教师已经不再看好自己，认为自己"连起码的要求都做不到"，说不定还会因此而"自作聪明"地放弃了努力。

最后，在鼓励孩子学习时，教师要避免诱导时过于夸张。当孩子在某一学科学习上遇到困难时，如果教师对他说："试试看，很简单的。"说不定他就会做这样的推论："即使我用尽全力去学，也只能证明我会做简单的事情；如果我失败了，就说明我连简单的事情也做不好。"结果是，只要去做就是有风险的，如果不做就不会丢脸。

◇ 学会倾听

"听"是接收信息的方式，"说"是输出信息的方式。从某种意义上说，"听"比"说"更重要，因为我们若听不到有关的信息，"说"就是无的放矢。在大部分时间里，我们都在听别人说话，但大多数人并不懂得如何倾听。

在课堂上，学生回答问题时，经常会遇到这样的情况：学生还没说上两句，老师就将话题接过来了，看上去是顺着学生的开场白，替学生将分析过程说完，实际上老师只是快速地将自己的观点讲了出来。老师让学生站起来回答问题，可能根本就没有倾听学生想法的意图。在平时的交流中，随意打断别人发言，或者自以为是地对别人的话语进行一番评价的现象也比比皆是。那些打断别人发言的人、对别人进行评价的人，说话时往往还没有听明白别人要表达的意思。

真正的倾听，不论时间是长还是短，都需要付出相当大的努力。首先，你要做到全神贯注，暂时把自己的想法和欲望放在一边，尽可能去体会说话者的感受。当说话者意识到你把注意力放在他的话语上时，他会更愿意坦诚地和你交流，这能促进双方的理解和信任。其次，要注重反馈，看着对方去听。最后，要努力聆听对方内心的声音。

小豆豆被原来的学校抛弃，妈妈带她到巴学园来求学。她与小林校长第一次见面时，小林校长就把椅子拉到小豆豆跟前，面对着小豆豆坐下来说："好，随便跟老师说点儿什么吧！把你心里想说的话，全都讲出来……"小林校长边听边笑着点头，有时候还问："还有呢？"小豆豆开心极了，绞尽脑汁地去想，直到找不到什么可说的才算结束。就是这样一次倾听式的谈话，让小豆豆一下子就喜欢上了巴学园，这就是倾听的魅力。

怎样培养学生学会倾听呢？吉诺特在书中介绍了一个案例：每个人在发表自己的看法之前，必须先复述前面一位同学的讲话内容，直到对方满意为止。只有认真倾听了前面一位同学的发言，才有可能将他讲的内容复述出来，这正是恰当交流的核心所在。

◯ 拒绝伪善

巴金说他对私塾老师很少讲真话。因为一，他们经常用板子打学生；二，他们只要听他们爱听的话。老师要听什么学生就讲什么。编造假话容易讨老师喜欢，讨好老师容易得到表扬。对不懂事的孩子来说，这样混日子比较轻松愉快。他不断地探索讲假话的根源，根据他个人的经验，假话就是从板子下面出来的。

巴金描述的私塾，现在已经不复存在了，但在现实生活中，学生用虚假的话语欺骗老师的现象却丝毫没有减少。一个学生因为起床晚了迟到，老师坚决不相信，非要他说出个子丑寅卯来。没有办法，学生就编假话哄骗老师。

当教育不是发自内心的时候，当教育的语言不带着教人为善的情感的时候，教师那伪善的眼神和牵强的微笑很快就会被学生感受到，学生就会想方设法地迎合教师的心思，让自己在学校能够过得轻松愉快。之所以在各个行业中，对教师的职业道德规范要求最高，就是由教师这个岗位的特殊性决定的。

转化"问题生",你可以这样做

钟杰教的"意博班"中有一位姓卓的学生,除了对数学课还有一点儿兴趣外,其他学科对他来说都是磨难,学习成绩"挂红灯"不足为奇。要命的是,他和同学吵架乃至打架是家常便饭,甚至还有挑衅老师的举动;在假期里去挖坟墓,还把尸骨带到班级里,让老师和同学一个个大惊失色……钟杰在《孩子,这不是你的错:一名后进生的转化》一书中记录了她转化卓同学的经历。

◯ 找寻问题的成因

医生看病讲究对症下药,老师面对"问题生",也要先了解其各种状况产生的原因,才有可能开出具有针对性的"治病处方"。

去卓同学家做家访,找他的同学了解情况,和他的亲友沟通交流,约见他父亲……钟杰利用各种途径来找寻问题的成因,慢慢地,他的成长轨迹在钟杰的脑海里清晰起来了。

卓同学刚生下来40天,他的父母就离异了。他父亲外出打工,爷爷奶奶在家照看他。在路上遇到母亲,母亲不仅不认他,还会对他痛骂;爷爷对他溺爱,由着他的性子来;奶奶担心他变成街头混混,使用棍棒严加管束。这些原因促使他形成了既暴躁、任性,又胆小、自卑的性格特征。进入小学后,由于个子矮,行为习惯差,老师和同学都看不惯他,经常辱骂他。放学的路上，他常被同学们追着打。老师不但不为他做主，还说打得好，并常常体罚他。长久的打骂和羞辱，不仅在他的心底埋下了仇恨的种子，也让他变得特别敏感。别人很正常的一个举动，在他看来都是针对他的。

钟杰细致的调查结果告诉我们，学生的很多问题通常是长期施加在他身上的"负能量"不断累积的结果。一次次受挫的经历，强化了他在许多人心中"坏孩子""另类孩子"的印象。时间长了，他不仅会默认这些标签，还会主动采取一些行动来强化他在群体中的印象，从而为他赢得生存的空间。

◯ 做好"病情"反复的心理准备

"问题生"呈现的问题，是一种"慢性病"，病因有很多，不要期望一剂药方下去就会收到明显的效果。

卓同学就是这样一个"病情"不断反复的典型。钟杰带班没多久，就发生了卓同学用板凳砸班里女同学的事情。刚把这件事情处理好，卓同学又接连和两位同学打起了架。钟杰在了解事情的经过时发现，除了卓同学自己脾气暴躁，难以控制情绪之外，班级同学对他的另眼相看，以及带有歧视性的话语，也是很重要的原因。于是，让班级的同学理解卓同学、认同卓同学，共同营造一种相互关爱的、温馨的环境与氛围，成了班级建设的一项重要任务。

但同学对卓同学的关心和友善的表示，并没有得到他的认同，他认为这是大家给钟杰面子装出来的。他打架的事情虽比以前少了一些，但其他方面的问题又凸显出来了。比如，在自习课上用拳头砸墙，将一摞书当着老师的面摔在讲台上，在课堂上说一些出格的话想引起大家的注意，用冷水浇头要给班级同学留下另类的印象……各种行为的背后，都指向他那敏感、猜疑又相当脆弱的心。

在教育卓同学的过程中，钟杰发飙过、困顿过、焦虑过，但她始终没有放弃过。在处理他的一次次事件的过程中，钟杰表现出了极大的耐心，也增长了教育的智慧。钟杰将师生聚到一起，共同还原事情经过，缓释他的紧张、多疑；通过书信、推荐书等多种方式，让他去领悟待人接物的道理；和他的家长沟通，共同分析他面临的问题，形成家校共育的合力；为他在班里设置"环保局长"的特殊工作岗位，让他在服务和管理中实现自身的价值，获得同学的认同……

◎ 关注"问题生"身心发展的新动态

卓同学进入了青春期后，看上了班里容貌美丽、成绩出色的女孩贝贝。贝贝家教很严，自然不敢在学校里谈恋爱，而且在贝贝的心目中，卓同学根本就不是考虑的对象。卓同学不知道该如何处理这件事情，看到别的同学和贝贝说话，心里很失落；想要表达但又缺乏自信，内心很苦闷。原本脆弱的心灵，经不起如此折腾，又弄出很多事情来，让大家都烦他，也让大家更感到他不可救药了。

钟杰没有批评他胡思乱想，而是帮助他分析，如何才能得到他人的认可，并为他制订了"塑身计划"——希望他能够在自身形象、为人处世和学习成绩等方面做出改变。卓同学是一个做事只有三分钟热度的人，坚持不了几天，就会因为一件小小的事情而备受挫折、情绪低落。为此，钟杰想了很多点子，包括让贝贝对卓同学提要求等，不断调整工作方式，借助"情窦初开"这件事，来帮助卓同学正确认识自己，正确面对生活。这是非常艰难的工作，也是钟杰花费精力最多的工作，卓同学最后能够较为正确地对待这件事情，与钟杰一直以来的陪伴和悉心指导是分不开的。

◎ 构建相互信任的师生关系

一个人如何看待另一个人，在某种程度上决定了他对待此人的态度和方式。在不少人眼中,卓同学就是一个"混世魔王",他们解读他的行为时,自己眼睛里的尘埃就很多,所以看到的总是他的不足,偏见就是这样产生的。

钟杰在教育卓同学的过程中,看到的是一个具有纯美内质的,内心渴望被认同、被理解的人。她明白,给卓同学创设一个安全无忧的环境,为他创设和谐的生生关系、师生关系和亲子关系,是帮助他开启新生活的关键。为此,钟杰付出了不懈的努力。她以一个母亲的心来对待他,做出了一系列精心的设计,从搀扶他走到放手让他自己走。她坚信给孩子播下一粒希望的种子,终究会有成功的收获;她知道教育不是一蹴而就的事情,而是需要耐心来静待花开。

卓同学的转变有一个非常关键的因素,就是钟杰和他之间建立起来的和谐的师生关系。他们是如此真诚,能够敞开心扉,将心里话说给对方听。他们是如此信任对方,不管卓同学遇到了多大的麻烦,钟杰对他的信任始终不变;不管钟杰用怎样的方式批评他,他也始终相信钟杰是为了他好。钟杰用自己的爱心和耐心,为卓同学架设起了一个与他人、与周边环境、与世界沟通交流的桥梁,让他逐渐走出了自我封闭的狭小领域,并最终学会了正确认识自己。

了解学生是教育的前提

《懂你的孩子：唤醒潜能的秘密》的作者苏明进说，教师用柔软的眼神看待孩子，愿意为了孩子而改变，找出任何一种和孩子深层对话的可能，那么就会发现身边的孩子，正开始学会微笑，那潜藏在内心的热情，将会大大地发光、大大地发热。

◎ 联络簿的作用

除了让学生记录作业之外，苏明进对联络簿的用途做了拓展，要求学生每天写两篇短文。

第一篇是"每日创意短文写作"。周一记录当天或者上周最快乐的一件事；周二用三个以上的成语来创作一个故事；周三是"写信给老苏"；周四是"创意急转弯"，用几个天马行空的词语来创作精彩的故事；周五是"新闻新知"，剪一篇报纸新闻并做评论。

第二篇是"每日行善日记"。或观察身边的人对自己做了什么好事，用感恩的心情将其描述出来；或写下自己每天帮助别人做了什么好事；或反省自己每天需要修正的地方，并提出改进的方案。

学生交上来的这些文章，苏明进会花时间认真批改，以便了解学生的所思所想。他每天还要从中选几篇有教育意义的短文，要求作者在全班同学面前朗读，给作者以正向激励。学生小璇，常常一个晚上就写满五六张大纸，一个学期就积累了厚厚的几本联络簿。家长让她把用完的联络簿丢掉，她坚决不同意，像宝贝似的留着。苏明进对此深有感触地说："透过孩子们的感人文笔，我们可以深刻感受到：原来每个人的内心世界，有这么多不同的样貌；也透过这样的口述分享，我们才发现：原来我们彼此的心，可以这么贴近，可以这么富有同理心。"

这样的互动有几个好处：一是师生沟通的渠道畅通了；二是在无形中教育孩子要说真话，作者要在同学面前朗读自己的作品，因此虚假的话语是没有市场的；三是让大家分享写作的要求和技巧，反思自己的短文，提高写作水平；四是借此影响整个班级的班风，增进同学之间的感情。

○ 深层次的沟通

一个被称为"流氓大哥"的六年级学生，每天都会在校内或校外滋生事端，弄得大家不得安宁，还有两个学生跟着他到处惹事。苏明进决定和这个"流氓大哥"谈谈，顺带也帮助一下六年级的老师。谈了十多分钟之后，苏老师发现他的表情变了，眼神也开始严肃起来。

原来，这个孩子的家境挺复杂的，他爸爸是混帮派的，他回到班上，班上的同学认定他就是"大哥"，也希望他能表现出大哥的威严来。然而，即使被认为再坏的孩子，内心深处也渴望有变好的一天。他的种种表现，其实是在发出求救信号，掩饰他内心那份没人能懂的失落感。

教师和学生开展深层次的沟通，并不是一件容易的事。首先，不要对学生抱有偏见。教师的心理状态和情绪很容易被学生捕获到，稍感不妥他们就会关闭沟通的大门。其次，不要轻易地对学生的行为做出判断。在没有完全了解学生行为背后的内在因素的情况下做出的判断，往往是有偏差的，这种偏差会导致学生内心不服和反抗。最后，要怀着诚恳和坦诚的心态沟通。只有教师没有架子，学生才会放下心里的包袱。

◎ 当孩子的"放大镜"

孩子们在学校里吃午饭，遇到水果是小番茄的时候，经常剩下来很多。怎样让孩子们将这些小番茄吃完而又不是强迫式的呢？苏明进想出办法，让一个孩子将这些剩下来的小番茄洗净放在盘子里，然后在上课的时候进行小组学习比赛，优胜者的奖励是吃小番茄，而且还有数量上的限制。原本不愿吃小番茄的孩子们一遇到竞赛就来了神，一个个飞快地进行着数学运算，以便为小组和自己多赢几个小番茄。还没等到第一节课下课，小番茄就被消灭了。

为了让孩子们爱上阅读，苏明进也想了很多办法。上课的时候，他会神秘兮兮地问大家，他家里有几本超好看的书，有谁愿意看呢？看到大家拼命举手，他才送出去两本，让大部分没有拿到书的学生很是落寞；拿到书的学生要在班里给大家介绍书中的内容和情节，让其他同学感受读书带来的美妙体验；看到孩子们还在看卡通、漫画之类的书，在表扬他们有读书习惯的同时，引导他们读一些文字类的书，告诉他们文字比图画更能传神地描述故事……

在生活和学习中，每个孩子都会表现出他自身的一些特质，有些是好的，需要鼓励和保持；有些是不好的，需要引导和改变，教师在其中发挥着关键作用。苏明进认为，教师就像是孩子的"放大镜"，帮他们把事物聚焦、放大，于是他们原先不感兴趣的，或是看似毫无意义的东西，就会变得深刻而有意义起来。

◎ 让孩子体验大人的工作

让每个孩子都和自己的父母工作一整天，去体会父母工作的辛苦，这样的作业执行起来是有难度的。有的家长并不乐意孩子跟在自己身边，他们更喜欢看到孩子趴在课桌上写作业；有的家长工作难度比较大，担心孩子去了可能只会添乱……不过，作业布置下去之后，苏明进从联络簿等渠道看到了布置这一作业的正面力量。有的孩子凌晨四点就起床和母亲一起去领报、送报；有的孩子帮父母一道修车，弄得两手沾满了油污；有的孩子陪妈妈在夜市里卖豆乳鸡，要到深夜才能回家；有的孩子到市场里帮妈妈看店、进货，发现妈妈每天都要将很多箱子拉进拉出，非常辛苦，还担心她会累出病来。

每个孩子都写道："我现在知道爸妈赚钱的辛苦了。"这可能正是这一作业最为重要的价值。理解和沟通不是单向的，家长和教师需要理解孩子，孩子也需要理解家长和教师的工作，而实现这种理解最重要的途径就是亲身体验。当孩子懂得父母维持生计的辛劳时，孩子就更会知道感恩，更会明白父母的心意。

我们常常教育孩子要端正态度，正确的态度从哪里来？从切身的生活体验中来。孩子们在认真完成一件事情的过程中，不仅会有深刻的感悟，也能更加深入地去思考生命本身，这对他们来说是一个很重要的生命课题。家长不要因为"爱"而阻断了孩子这一学习的机会，教师更不能因为嫌麻烦而放弃这样的教育契机。

本辑延伸阅读书目

1. 吴非.课堂上究竟发生了什么 [M].北京：中国人民大学出版社，2015.

2. 李虹霞.创造一间幸福教室 [M].北京：教育科学出版社，2013.

3. 李亚敏，刘娟.缔造完美教室：小学班本课程的开发与实践 [M].北京：中国轻工业出版社，2014.

4. 陆平.于永正语文教学艺术研究 [M].福州：福建教育出版社，2018.

5. 侯登强.做一个有故事的教师 [M].北京：教育科学出版社，2013.

6. 陶行知，陈彬.优秀教师的自我修养 [M].长沙：湖南人民出版社，2019.

7. 冯卫东.今天怎样做教科研：写给中小学教师 [M].3 版.北京：中国人民大学出版社，2019.

8. 史金霞.教育：一场惊人的旅行 [M].北京：中国轻工业出版社，2017.

9. 吴非.一盏一盏的灯 [M].南京：江苏凤凰教育出版社，2020.

10. 罗伯特·J.马扎诺，黛布拉·皮克林，塔米·赫夫尔鲍尔.高度参与的课堂：提高学生专注力的沉浸式教学 [M].白洁，译.北京：中国青年出版社，2019.

11. 詹姆斯·M.朗.如何设计教学细节：好课堂是设计出来的 [M].黄程雅淑，译.北京：中国青年出版社，2018.

12. 黄灯.我的二本学生 [M].北京：人民文学出版社，2020.

13. 王文丽.给孩子上阅读课 [M].北京：中国人民大学出版社，2019.

14. 李志欣.优秀教师的自我修炼：给青年教师的成长建议 [M].上海：华东师范大学出版社，2018.

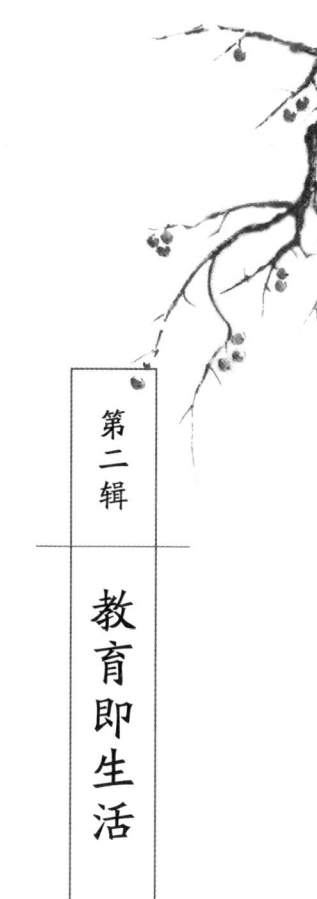

第二辑

教育即生活

别让童年在信息时代消逝

人类有悠久的文明史，但童年被发现却只有 400 年左右的时间。

◎ 童年的发现

尼尔·波兹曼（Neil Postman）在《童年的消逝》一书中认为，童年为人们所认识有三件事情非常关键。

第一，印刷术的发明促进了人的读写能力的提升。文字从发明到现在已有几千年的历史，但在绝大多数时间里，文字以及教育被特权阶级垄断，大多数人根本不识字，也不具备读写能力，信息传递主要通过口耳相传的方式。在历史长河中，儿童一脱离尿布，马上穿得像成年人一样，被当作一个微型的成年人来看待。

印刷术的发明以及大量图书的出现，使得人们的交往方式发生了很大变化。读者及其反应跟社会环境脱离开来，退回到了自己的内心世界。印刷术给予了人类自我，人开始以自己是独特的个体来思索，这种自我意识的启蒙便是导致"童年"开花、结果的种子。

第二，学校教育的普及。印刷术出现前，学校要么是教会办的，要么是私人办的，都是为特权阶层的子女提供服务的。学校里没有年龄限制，班级里有各个年龄段的人，包括大多数的成年人，让人感觉不到学校和童年的关系、成年人与儿童的差异。

自从有了印刷术，未成年人才可能通过学习识字，进入印刷排版的世界接受教育。印刷术推动了学校逐渐走向平民化，使"童年"的概念变成了社会的必需。由于学校是为培养有文化的成年人而设计的，儿童因此不再是成年人的缩影，而被看成完全不同的一类人，即未发展成形的成年人。

第三，人的羞耻心。在过去，儿童和成年人做同样的游戏，玩同样的玩具，听同样的童话故事。在儿童面前，成年人百无禁忌：粗俗的语言、不当的行为和场面，儿童无所不知，无所不见。当时的人们还没有羞耻的概念，成年人和儿童的生活完全相同，儿童没有单独的生活空间。

随着人们读写能力的提高和文化素养的提升，成年人逐渐意识到，有很多事情应该成为一种秘密，不能轻易地在孩子面前呈现出来。羞耻心成为儿童教育中最为珍贵和微妙的一部分。儿童沉浸在一个充满秘密的世界里，心中充满神秘和敬畏的感情，而这正是童年作为一个独特群体的标志，是儿童发奋学习的动力之一。

自从童年被发现以来，人们在实践探索中不断丰富对儿童、童年的认识，逐渐明确了童年的一些基本特征。比如说，儿童有自己独特的、与成年人世界不同的语言体系；儿童的衣着和成年人有明显的不同；儿童是成长的个体，要接受教育；对儿童的教育是一门科学；家庭教育在儿童成长中有重要的价值和意义；等等。处于童年阶段的孩子，与成年人相比，说的话不同，每天消磨时间的方式不同，穿着不同，学习的内容不同，连思考的东西也不相同。当儿童和成年人变得越来越有区别的时候，童年的概念已经成了社会准则和社会事实。

童年的危机

如果说印刷术在当时的社会环境下是一场信息革命的话，今天我们就处在以数字技术为标志的新信息时代。随着以电视、网络为媒介的娱乐文化充斥着我们生活和社会的方方面面，人们对童年的认识是进一步得到了强化,还是逐渐变得弱化了呢?

总体来看情况并不乐观。

首先,童年原本是一个有序学习的过程。一些专为成年人控制的、特定形式的信息,通过分阶段用儿童心理能接受的方式提供给儿童,让儿童逐渐掌握,提升自己的学习能力,并逐步走向成年。但在今天,电视特别是移动互联网改变了信息传递的方式,成年人丢失了对信息的控制权,甚至在有些方面还不及儿童知道得多。特别是,各种媒体将成年人保守秘密的手段给剥夺了,成年人同时也被剥夺了秘密。儿童正逐渐丢失羞耻心,变得无所畏惧。

其次,过去对语言和符号的学习是非常重要的事情,但这些学习并不那么容易,需要多种器官并用。在电视和网络普及的今天,学习方式发生了很大的变化。语言学习逐渐向图像学习过渡,信息的传播通过手指的划来划去就可以实现。人们开始沉默了,写作的手也停了下来。泛滥成灾的信息资源正吸引着儿童的眼球,让儿童感到学校生活了无生趣,这对今天的学校教育充满挑战。

最后,浅阅读泛滥,读写能力有走向衰退的趋势。电视台的新闻频道一分钟播出几条新闻,让你根本来不及对报道的内容进行深入思考;一个孩子还没有来得及提出问题,就被给予了一大堆答案;完整的文本被一个个碎片化,以迎合快节奏时代人们的阅读需求……读图时代的降临以及浅阅读的泛滥,使得成年人和儿童在读写方面又重回到同一起点上。

如果成年人的读写能力和儿童没有什么差异,如果学校教育不能更好地激发儿童的学习兴趣和热情,如果儿童的羞耻心正在逐渐丧失,那么,童年也将在信息时代逐渐消失。

这显然不是我们所希望的。

◯ 重新发现童年

重新发现童年,应该成为信息时代的人们必须关注的重要问题。有几件事情需要我们一起努力。

一是道德重建。改革开放 40 多年来，民主、开放和平等等现代理念深入人心，激发了空前的社会活力。但与此同时，道德失范、诚信缺失等现象也一次次地刺激着人们的神经。道德重建，重塑人们的价值观，是当今社会的重要课题。这既需要法律维护人们自身的尊严，又需要电视、网络和平面媒体记者恪守职业操守，还需要每个置身其中的人都做好表率。良好的道德环境可以唤醒儿童的羞耻心，让其成为教育最为珍贵和微妙的内容。

二是教育转型。在过去相当长的时间里，教育的主要任务是增强人们的记忆。在信息技术高度发展的今天，一个简单的存储器就可以实现这些功能。加强事物之间的联系、强调对世界的整体认识成为教育转型的必然要求。每所学校和每位教师，都应该充分意识到社会发展对教育提出的这些新要求，积极探索教育转型的途径，让学校成为学生最希望去的场所。

三是尊重个性。大数据时代我们有可能对学生的学习过程进行全程跟踪和记录，能够针对每个学生的学习过程做个性化的分析和研究，找到学生的学习特长和困难所在，有的放矢地给予引导，帮助学生将学问做到一定的深度。只有将学问做到一定的深度，学生才会玩出兴趣；只有玩出兴趣，学生才会沉浸其中；只有沉浸其中，学生才能感受到教育的力量，并促进自身的知性成熟。

怎样让学生爱上学习

"动机是指个体为了达到某种目标状态或结果所做出的个人投入。"[①] 学习动机是指个体想要学习某件事情而在心理上形成的思维途径，也是个体在做出学习决定时产生的念头。

○ 自我系统的作用

长期以来，人们都在强调大脑认知系统的重要性，但事实上，学习并不是从大脑的认知系统开始的。

来自五官的各种信息在进入大脑之后，有98%的信息会在很短的时间内被淘汰掉，只剩2%的信息有可能被大脑感知到。那么，是谁在其中发挥着至关重要的作用呢？是大脑中的自我系统。正是自我系统决定了某项学习任务是否值得引起我们的注意。具体流程可简化为：信息→自我系统→元认知系统→认知系统。如果自我系统不认可这一信息，认知系统就永远不可能收到它。

内在动机来自个体的自我系统和元认知系统，当这些系统受到积极的刺激时，个体就会为了妥善处理自己的学习并保持良好的进展而努力

[①] 苏珊·A.安布罗斯，等.聪明教学7原理：基于学习科学的教学策略[M].庞维国，等译.上海：华东师范大学出版社，2012: 43.

工作。

经常有教师写文章谈如何激发学生的学习动机，其实，学生的内在学习动机教师是不能激发的，教师能做的是通过一些流程让学生学习的动机自然而然地产生，其中的关键就在于自我系统和元认知系统。如果教师费了很大的力气，但学生的自我系统没有反应，或者传递过来的信息被屏蔽掉了，学生就不会有学习动机，学习行为也就不会发生。

那么，自我系统如何判断学习任务信息是否有价值呢？首先，自我系统会判断这个学习任务对自己是否重要，如果该任务能让自己找到满足感或能满足自己的某种需求，自我系统就会开始关注它；其次，自我系统会依据自身拥有的资源、能力或力量加以判断，看自己是否有本领去学习；最后，自我系统会审视自己和同学、自己和老师、自己和周边学习环境之间的关系，看这些关系是否有利于自己完成学习任务。当以上三个方面都能给自己提供学习支持时，一个内在的强烈的学习动机就产生了，学习任务信息就会被推送到认知系统，启动学习活动。

如果说自我系统属于"我想做吗"的系统，那么元认知系统则是"我会怎么样"的系统。元认知系统受自我系统控制。个体有了学习的内在动机后，元认知系统开始工作。它会为学习者设定个人目标，会决定执行学习任务的流程以及遇到问题时的处置办法，并会推动学习者干劲十足地去完成任务。

认知系统则帮助学习者加工完成学习任务必需的信息，负责推理、比较和分类等诸如此类的操作。在教师向学生介绍新知识或新任务的时候，学生的大脑会根据以往的经验和知识来判断、寻找大脑中现存的哪些经验和知识与新知识或新任务有关联。

新课改非常强调教学情境的作用，其目的就在于营造让学生关注有效学习信息的氛围，帮助学生把感官获得的信息经过上述流程推送到认知系统。教师应该充分地利用每节课课前的两分钟预备铃，注意观察和了解学生的情绪状态，并据此调整教学的结构和进程，以保证学生带着良好的情绪参与到学习中来。

◌ 关系的重要性

在学校的传统文化中,教育信念趋向于先教基本内容,再建立联系。大多数教师认为,将一个个知识点传授给学生是最重要的事情,有了这样的积累,学生才能够建立概念之间的联系,形成对某一学科的整体认识,即所谓的"厚积而薄发"。

结合自我系统的作用,泰尔斯顿对这种习以为常的教育观念和行为提出了自己的看法。她认为师生之间、同学之间、人与环境之间真诚的关怀、相互信任和尊重的关系,理应发生在教学内容之前。换句话说,关系第一,教学内容次之。

如果一个学生没有良好的情绪状态,如果他对所学的课程没有兴趣,如果他对任教的教师没有信任的感觉,如果他对班集体没有认同感,那么他会在课堂里学得好吗?答案显然是否定的。学生的情绪状态反映出他和自己的内在的关系状况,学生对课程的兴趣反映出他和世界的关系状况,师生以及生生之间的信任、对集体的认同感反映出学生和他人的关系状况,这些都是学习行为能否发生的基础。

关系第一应成为所有教师共同的教育信念。不光是在学习开始之际要注意学生和学习环境、学习内容,以及师生之间关系的建立,在整个学习过程中,更要注重建立关系。概念和原理是对自然现象做抽象总结的结晶,而在概念、原理之间建立联系,则反映着人的想象力的发展水平。爱因斯坦说,知识仅局限于我们目前知道和了解的一切,而想象力涵盖将要认识和理解的一切。学习知识,只是将别人已经知道的东西记在自己的脑海中,而培养想象力则是认识世界的基础,是进步之源。

◌ 外部奖励的破坏性

动机可分为内在动机和外在动机。内在动机取决于个体内在的驱动力,是由个体的自我系统和元认知系统共同决定的;外在动机则是由外在因素引发的，多数时候以奖励的方式出现。学生做对了题目就会得到一个五角星，家长为了月薪而努力工作，都属于此类。

外在动机是行为主义视角下的产物。该理论认为，可以通过提供奖励或惩罚来控制行为，其代表人物是斯金纳（Burrhus Skinner）。不过，斯金纳在去世之前说，那种认为人类的反应与其他实验动物一样的想法是很愚蠢的。

月薪以及他人对自己工作的认同，激励着不同岗位上的人每天工作，即使在工作中出现了波折或遇到困难的时候也能坚持。学生的学习也是如此，需要有外在动机的激励，但当外部奖励成为激励学习的唯一或主要因素时，问题便出现了。我们当下面临的最大挑战就是对分数的痴迷，绝大多数学生之所以愿意学习，不是因为他们有内在兴趣，而是对分数、对各类证书的追求，这让学习活动完全变了味。

《让学生都爱学习：激发学习动机的策略》的作者泰尔斯顿认为，学生在成长的过程中，受大量外部奖励的激励，这会在无形中挫伤他们固有的内驱力，使他们失去了因为学习本身很有趣而去实践它的动力。

好的做法是，在学生完成了一项任务后，和他击掌庆贺，或者当班级同学完成了一件很有价值的事情后，举行一个别具一格的庆祝活动。奖励是提前告知学生的，学生会因为有这样的诱惑而努力去做；庆祝是学生事前不知道的，是完成任务后的意外惊喜。因为在学习的过程中没有其他诱惑，学生就会将关注点集中在学习内容本身上，会逐渐沉浸到对所学内容的深入研究中，而这种深入研究可以让学生产生内在的学习动机。当学习变得充满乐趣和吸引力时，学生怎么会不爱上学习？

要善于讲故事

还记得南方黑芝麻糊的那个经典电视广告吗？

黄昏。挑担的母女走进幽深的麻石陋巷，伴随着木屐声、叫卖声和民谣似的音乐，出现了画外音："小时候，一听见芝麻糊的叫卖声，我就再也坐不住了……"小男孩搓着小手，神情迫不及待。大锅里那浓稠的芝麻糊在翻腾。小男孩将碗舔得干干净净，小姑娘捂着嘴笑。卖黑芝麻糊的母亲爱怜地又给他添上一勺，轻轻抹去他脸上的残渣。小男孩抬起头，羞涩地感激。这时，又有画外音响起："一股浓香，一缕温暖。"

就是上面这个故事，让我记住了南方黑芝麻糊，将亲情、温暖这些词与产品建立起了关联。买东西的人买的不只是产品，更是那个产品伴随的故事。教师不也是如此吗？如果将教师看成"卖产品"的，那么教师行销的，一定不只是知识本身，还包括理解这些知识的思维路径和认知方式，以及观念、价值系统、成长的机制。罗素说，教师的工作基本上属于表演业，他要用戏剧和故事说演的方式，将知识和智能呈现出来。这种工作，要有很多时间做预备，做锻炼，教学的现场乃是开花结果的现场，许多辛苦，都是在教室外面经历的。

整个世界就像一棵故事树，每个人都有故事。编故事、讲故事和听故事的过程，是滋养心灵、获得成长力量的过程。

◎ 故事可以滋养想象力

在我们的世界里，有精神的和物质的两种世界。我们需要在两者之间搭建一座桥梁，铺设一条可以从此岸到彼岸的道路，这座桥梁或者道路就是"想象力"。听故事、讲故事，是滋养我们想象力的重要途径。

每个孩子都喜欢听故事，只要一有机会就会缠着父母，要求他们一遍遍地讲述，每次都以同样的方式展开故事中的情节，以同样的方式说出那些押韵的歌谣。为什么孩子会不厌其烦地聆听这些故事呢？这是因为故事本身的情节、那些富有韵味的歌谣，可以为孩子的心灵成长提供重要的食粮。孩子如果知道接下来会发生什么，就会在心中升起温暖和喜悦的感觉。自然界的轮回是有节奏的，人的生活也需要有节奏，才会让自己感到自在。不仅儿童如此，成年人也是这样。

儿童都有一种本领，可以如蝴蝶一般在精神世界和物质世界之间来回穿梭，支持他们做出这些行动的就是想象力。成年人反倒逐渐丧失了这样的本领，或许是被生活和工作所迫，每天忙于具体事务，无暇借助想象之桥在两个世界之间穿梭，自己的思想也从"水灵灵的鲜梅"变成了"干瘪的梅干"。

爱因斯坦说，如果想让孩子聪明，就给他讲故事；如果想让他有智慧，就讲更多的故事。为孩子唱歌、念童谣、讲故事是父母和教师能给予孩子的礼物。来自父母和教师的真实声音，比录音带听起来会美妙得多。父母和教师在为孩子阅读和创作故事的过程中，也会逐渐提升自身的想象力，帮助自己化蛹成蝶，在"隐秘"的花园里翩然起舞。

◎ 故事具有治疗的作用

我们都知道，孩子哭闹的时候，给他讲一个故事，能够使他平静下来。故事其实是最能安慰人的。不光是幼儿，青年学生甚至是成年人、老人，也常常被精彩的故事吸引，并从中获得生活的智慧。记得20世纪

80年代初期，单田芳恢复说书的那段日子里，一到了播放评书的半个小时广播时间，大街小巷都是他的声音。我当时正在读高中，常常就蹲在学校的操场边，一边听单田芳讲评书，一边吃午饭。

故事有治疗人心的作用，它能帮助人们建立与"某个地方"的精神连接，恢复失去的平衡，重新获得健康感。

苏珊·佩罗（Susan Perrow）在《故事知道怎么办：如何让孩子有令人惊喜的改变》一书中告诉我们，一个好的故事通常由三个要素组成：隐喻、情节和解决方案。隐喻以一种充满想象力的方式，帮助听者与故事建立联系。它既包含负面的失衡状态，也包含正面的再平衡状态。随着故事的发展，情节本身积聚起张力，导致情节进入失衡状态，最终又超越这种行为，进入健康而正向（而非引起负罪感）的解决方案。

在给孩子讲故事时，有两点需要特别注意：一是不要就故事情节给孩子进行诠释，也不要问他如何理解，如同一千个读者就有一千个哈姆雷特一般，我们不能画蛇添足，去扼杀孩子的想象力；二是不要借助故事试图说教，并引起孩子产生内疚感。借助故事给孩子"贴标签"的方式普遍存在，这很不利于孩子的健康成长。全世界的义化都在用故事的形式传播道德观和价值观。听故事的人以不同的方式接收这些信息，这就是故事的本质以及力量所在。一个有教育意义的故事应该通过充满想象力的故事情节，让听者自发得出自己的道德结论。

苏珊·佩罗说故事就像水，能够找到直抵灵魂深处的道路，能够透过裂缝渗入坚不可摧的墙壁，能使万物重新焕发青春的光彩；故事就像水，对儿童的健康成长至关重要。鼓舞人心的故事哪怕很短小，也会带给人诸多力量，让讲述者和听者都向好的方向转变。

◌ 故事要讲出来才有生命力

非洲小说作家本·奥克瑞（Ben Okri）认为，一个故事在人们阅读或讲述之前，是没有"生命"的。

讲故事源于口述的传统。我们很多传统文化得以流传至今，就是得益于口耳相传的方式。讲故事是一门非常个性化、个人化的艺术。在讲故事的过程中，讲述者需要用自己的语言，激发听众在脑海里形成一幅幅故事的画面，赋予听众更多的想象空间；讲述者通过眼神、手势、声音以及近距离接触，与听众做更直接的交流，仿佛从身体里抛出许多看不见的细线，"触碰"听众，并且自始至终将他们"抓"在手中。讲故事的过程是一个"分享"的过程，而不是"表演"的过程。如果讲述者自己很享受，听众就会更享受。

讲故事的过程，融入了讲述者自己的不少创造；读故事的过程，更多的是对原著进行口语化的加工。读故事的时候，书本起到桥梁的作用，带来亲密的感觉。要使故事能吸引孩子的注意力，读故事的人需要关注孩子，经常与孩子交换眼神以便良好沟通。讲故事和读故事是交织进行的，最终的目的是让孩子养成读书的良好习惯。

无论是讲故事还是读故事，以下几点是我们要特别注意的。一是要保持对其他文化的敏感，以便帮助孩子建立全球意识。二是给年幼的孩子讲故事的时候，一定不能夸大人物，不要以过分戏剧化的方式来讲故事。我们的目的不是去吓唬或刺激孩子，而是通过故事的内容来滋养孩子，给他们力量。要信任故事中图景的力量，它们可以很好地传达出故事。三是尽量避免"电视儿童"的出现。电视中当然有很多图文并茂、情节曲折的故事，但电视机只负责信息的输出，和孩子之间没有任何的情感交流，不能够根据孩子的实际反应及时调整讲故事的策略，因此对孩子的成长是非常不利的。

在这本书中，苏珊·佩罗向大家推荐了很多充满情趣、富有启迪的好故事，值得一读。

让家校沟通更有成效的策略

在具体的教育实践中,家长是教育的第一责任人,却时常缺位,学校作为教育的第二责任人,承担了很多职责之外的事,大包大揽的情况比比皆是,而社会教育的着力点基本上没有考虑到父母教育的重要性。

面对这样的教育现状,一线的教师该如何作为呢?王怀玉通过《小学家校沟通的艺术》一书告诉我们,可以在家庭教育和学校教育之间架设一座沟通的桥梁,通过家长和教师之间的真诚对话和交流,引导学生、家长和班集体共同成长,这座桥梁的名字就叫"家校沟通"。

◯ 家校沟通的目的

沟通是人与人之间、人与群体之间信息、思想与感情进行传递和反馈的过程。家校沟通的目的主要有以下几个方面。

第一,发出邀请。

学生在学校里的很多行为表现与家庭有密切的联系。教师和家长建立良好的协作关系,让家长主动参与到孩子的教育中来,而不是抱着惴惴不安的心情到学校来接受教师的指责,这是家校沟通的目的之一。教师要不断地向家长发出这样的邀请——"我需要您的积极配合,共同来解决孩子成长过程中出现的问题",并且要让家长产生"我要去配合老师解决自己孩子出现的问题了,老师需要我的合作,我要去承担自己的责任"这样一些正面的、积极的感受。双方有了上述情感的准备,就有了协作的基础。

第二,交流信息。

王怀玉认为,教师与家长的合作,离不开信息的交流。在工作中,家长与教师之间产生的误会,很多时候就是因为信息沟通不畅造成的。全面地了解各方面的信息,才有可能对孩子的学习行为做出较为准确的判断,这需要教师在和家长交流前,做好准备,细致地了解孩子行为背后的各种可能性;在和家长交流的过程中,要忠实地向家长描述孩子的行为事实,不要轻易地做出是非评价。充分的信息交流,还有助于双方关注那些被忽略的细节,对自身的教育行为和孩子的成长做出新的思考。

第三,达成协议。

沟通成功与否的标志是双方是否达成了有效协议,是否建立起良好的协作关系。日益多元化的社会、纷至沓来的大量信息,无时无刻不在刺激孩子们的感官,对他们的心理、思维、情绪和行为等造成很大的影响,也对家庭和学校的教育提出了新的挑战。在这种情况下,家校之间的合作显得尤为重要,双方需要形成一种合力,共同去探索孩子的内心世界,有的放矢地寻求孩子能够接受的教育方法。针对孩子成长中的某一具体事项进行沟通,通过建立协作关系来引导孩子固然重要,更重要的是在学校学习的全程建立起家校良好的协作关系,这也是家校沟通最为重要的目的。

家校沟通的策略

教师和家长进行一次沟通,大致要经历以下几个阶段:

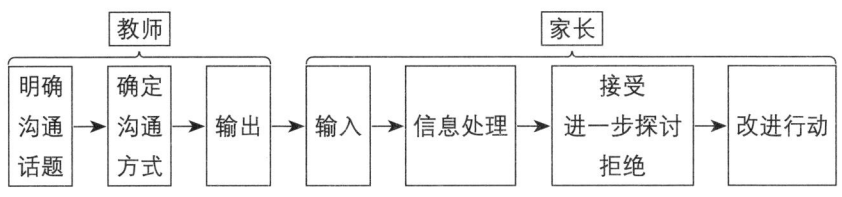

其中有两点非常关键：一是教师要清晰地表达信息的内涵，以便家长能够确切地理解；二是教师要重视家长在收到信息后的反应，并根据其反应及时修正传递的信息。

如果家长在接受教师输入的信息时少了"信息处理"这个环节，就会出现要么全盘接受、要么全盘拒绝的境况。即便有所回应，常常又是为了拒绝而挑刺。即使家长做了信息处理，但出于下列原因，依然会导致沟通上出现障碍。比如，环境上的噪声；信息过于烦琐或过于简单；家长有事，难以集中精力注意教师传递过来的信息；在对事情的评估上"抄近路"等。

由此可见，沟通是一件非常困难的事。王怀玉老师在书中向我们介绍了让家校沟通富有成效的三个策略。

第一，营造沟通文化。

家校沟通能否取得成效，与其中的文化建设有很大关系。教师对待家校沟通的态度要积极、真诚。自己内心有了期盼合作的需求，才会用积极的心态来做好这件事情。自己用诚挚的心去对待家长，才有可能赢得家长的信任。教师要经常提醒自己：教育术语具有专业性，要用简单的语言、易懂的词汇向家长传达信息，让家长理解你的意图；要注意沟通的场合，同样一件事情，因为场合不同、氛围不同，人们的心情、心绪也不同，对事情的感受和理解的程度也大不相同。

第二，建立沟通规则。

家校沟通要有相应的规则，家长和教师需共同执行。制定规则可以让大家明白什么事情可以做，什么事情不可以做，有利于家长和教师各自明确在教育过程中应承担的责任。这种责任分担的机制需要家长和教师协商沟通，互相讨论并确立下来，教师应该主动一点儿，家长也需要积极一点儿。

第三，明确应对姿态。

在执行规则的过程中，最需要注意的就是应对姿态了。当家长出现了不符合教师期望的行为，或者出现了违反规则的行为时，教师应该采取怎样的应对措施呢？教师要努力做到不被自己的情绪绑架，通过深呼吸试着和自己的内在渴望相联结，用平稳的声音和家长交流和沟通。这么做的目的并不是去改变别人，而是真诚地表达自己。当教师懂得更真诚地表达自我，并引导家长将目光共同聚焦在探索孩子成长的话题上时，家长就会更容易感受到教师的那份真诚，并积极投入家校共育的活动中来。

◎ 发挥家长委员会的作用

要将家校沟通工作做好，家长委员会的支持非常重要。王怀玉老师从组建班级家长委员会开始，就有自己独特的思考：让所有家长都自愿报名，给每个家长提供参与班级建设的机会；给所有家长委员会成员分配具体的工作任务，共同推动班级建设；在开展每一项活动之前，充分地和家长委员会沟通，征求大家的意见和建议，让大家明了活动的意义和目的……正是因为做了如此耐心、细致的工作，才赢得了家长委员会的支持。家长委员会的成员也经常主动地联系各位家长，交流意见，达成育人的共识。

家长委员会不仅可以帮助学校和教师做好家校沟通的工作，还可以在更大的层面上做出努力。比如，将家校沟通与提升家长的教育素养有效地结合起来，通过组织家长广泛参与班级建设和学习活动，传递育儿经验，丰富教育常识，让家长跟上孩子成长的步伐，跟上时代发展的步伐，避免各种教育悲剧的发生。再比如，充分发挥学校教育和家庭教育联动的优势，让孩子也参与到家长的学习、交流和讨论中，用"小手牵大手"的方法，增强亲子间共同成长的内驱力，等等。

解开爱和理解的密码

语言真是一件很奇妙的交流工具。一件看上去非常麻烦的事情,因为恰当的语言沟通,最后或许就解决了;而看上去微不足道的小事,因为沟通双方话不投机,最终或许会酿成令人惊愕的大事。《非暴力沟通》的作者马歇尔·卢森堡(Marshall B. Rosenberg)是国际非暴力沟通中心的创始人。他创建的非暴力沟通的理论和技巧,不仅能指导人们在工作和生活中消除分歧和争议,实现高效沟通,还解决了许多世界范围内的争端和冲突。

○ 非暴力沟通的四个要素

我们如果留意生活和工作环境中人们的谈话方式,就会发现,语言伤人的现象频繁发生。对他人横加指责、讽刺挖苦、轻率否定、动不动就来一番说教;在别人说话的时候随意打断,或者未经思考就加以评价和判断;向对方提出诉求、意见和建议却迟迟得不到回应……由此带来的情感和精神上的创伤甚至比肉体上的伤害更加令人痛苦。这些无心或有意的语言暴力让人与人的关系变得冷漠,出现隔膜,甚至互相敌视。

为了解决人们在沟通交流中的语言暴力问题,马歇尔·卢森堡探索了一种沟通方式,也被称为"爱的语言",它可以帮助人们在诚实和倾听的基础上与他人建立联系。依照这种方式来谈话和聆听,能使人们情意相通，和谐相处，这就是"非暴力沟通"。

非暴力沟通的精髓在于对观察、感受、需要和请求这四个要素的觉察。首先，留意发生的事情。其要点是，清楚地表达观察的结果，而不做判断或评估。接着，表达感受，例如，受伤、害怕或愤怒等。然后，说出哪些需要导致了这样的感受。诚实地表达自己后，再提出第四个要素——具体的请求，告知他人我们期待采取何种行动。

在进行观察的时候，要注意观察与评论之间的区别。社会心理学中有一条"阿伦森第一定律"——人们在解释令人讨厌的行为时，倾向于给作恶者贴上标签，由此将这个人从"我们这些好人"中排除。比如说，"××是一个懒惰的孩子"就是一个评论；"××已经三天不做作业了"则是一个观察。我们要仔细辨析两者之间的差异，在面对具体问题时，多观察，少评论。

所谓感受，指的是自己内心的真实情感，你需要将其和自己的一些想法加以区分。我们的话语体系中经常会出现以下开头的语句："我觉得……""我被……"。这些语句表达的就是人的想法，而不是感受。比如说，"我觉得我被抛弃了"就是一个想法，"我很伤心"就是一个感受。

需要是感受的来源，它在我们和感受之间架起了一座桥梁。人的基本需要包括自由选择、庆祝、言行一致、滋养身体、玩耍、情意相通、相互依存等。正是我们的需要、期待、对他人言行的看法，引发了我们的感受。非暴力沟通提倡直接表达自己的需要，而不是通过指责、批评、评论以及分析的方式表达。这有助于对方准确地了解我们的需要，同时也为对方提供了做准确回应的机会。我们可以通过"我（感到）……因为我……"这种表达方式来认识感受与自身的关系。

请求是指提出具体的、正向的要求，希望对方加以反馈，确保我们的意思与对方的理解相同。需要注意的是，如果语言表达不够准确和具体，请求给人的感觉就有可能是一种命令。比如说，"我希望你不要再喝酒了"。请求没有得到满足时，提出请求的人如果批评和指责对方，那么这句话就是命令；如果想利用对方的内疚来达到目的，那么这句话也是命令。上面这句话如果这样来表达，就是一种请求："你是否可以告诉我，喝酒可以满足你什么需要？是否有别的方式可以满足那些需要？"

◯ 学会倾听是非暴力沟通的前提

倾听是理解的基础，是通向友谊的桥梁，是解决问题的关键。倾听的耳朵是虔诚的，倾听的心灵是敏感的。一个有涵养的人，无论是对父母、朋友、上级，还是对陌生人，都能认真倾听，等待对方把话说完。而能否让人对你产生好感，很多时候并不在于你的地位和衣着，而在于你是否能够谦虚、认真地倾听。

倾听的第一步，是留意他人的感受，而不是说教。即便讨论的话题是自己非常熟悉的，也要仔细辨别对方谈论的是不是感受，而不要轻易打断对方，把自己的所思所想倾倒给对方。第二步是体会他人的感受和需要。要学会放下已有的想法和判断，一心一意地体会他人。不做否定，不做分析，不做建议，不做辩解，也不要着急揭露对方的需要，给予对方表达感受的空间，让对方的感受得以释放。第三步是给他人反馈。第四步是对谈话的内容保持关注，判断对方的感受是否已经充分表达。可以从以下两个方面加以判断：一是对方觉得你已经完全明白他的意思，气氛一下子变得轻松了；二是对方停止了谈话。如果无法确认对方是否还有话要说，就不妨再问一句："你还有什么话要告诉我吗？"

倾听是一种做人的修养，更是一种沟通策略。与人交谈的时候，千万不要自己夸夸其谈，要学会用心"听话"。如果你懂得张开耳朵，闭上嘴，就会得到更多的成功机会。

◯ 学会与自己握手言和

非暴力沟通的初衷是为了解决沟通交流中的各种语言暴力，为亲密关系的构建、与朋友和同事的相处、各种纠纷的化解等找寻解决办法。

但它还有一个神奇的作用，就是那些善于运用非暴力沟通技巧的人，在解放自己那颗受桎梏的心的过程中也可以比别人做得更好。

我们都有这样的经历：做一件事情时留下了缺憾，于是不断回想，陷入自责、内疚的情绪中无法自拔；时常做一些不想做、不愿意做但又不得不去做的事，让自己陷入满腹的牢骚和痛苦中；你有自己的思考和想法，但在权威者的施压下，你选择放弃自己的想法……

一个人如果总是生活在这些负面情绪中，对自己的身心就是一种摧残。马歇尔·卢森堡告诉我们，虽然自责可以帮助我们吸取教训，但一味自责是不可取的。当我们出现负面情绪的时候，首先要专注于自己的需要。人之所以会感到痛苦，会指责自己，往往就是因为自己做的事情不符合自己的需要。所以，我们应该做的是专注于自己的价值观和需要，并设法满足它。一旦意识到这一点，我们的身心状态便会不同以往，我们没有时间去自责，而是朝着既定的目标努力，去弥补自己内心的缺憾。

对那些你自己感到有些厌烦但还是在做的事情，不妨先给自己列一个清单，然后用"我选择做＿＿＿，是因为我想要＿＿＿"的格式表达自己的内心需求，并将那些不能满足内心需求的事情剔除出去。比如说，每天早上看手机，铺天盖地的消息常让你头疼不已。你就可以写出"我选择看消息，是因为我想要获得相关信息"的内心需求，可见看消息并不完全是在浪费时间。但获得信息只有这样一种方式吗？做了进一步的思考和分析之后，你或许就可以找到适合你的对待消息的办法了。

群体生活方式的特点，决定了沟通交流是人的必备技能和必修功课。多掌握一些非暴力沟通的技巧，就是在打开爱和理解的密码，可以让自己在与世界沟通的过程中变得更加温柔，而自己也一定能够被这个世界温柔地对待。

科学家是这样炼成的

在意大利的里雅斯特,有一个创建于1964年的非政府间国际科技组织——国际理论物理中心。这个组织在促进各国热爱科学的青年才俊互动和交流、帮助他们开展科学研究等方面做出了突出的贡献。在这里工作过的绝大多数人都取得了骄人的科学业绩,有不少人获得了诺贝尔奖、菲尔兹奖。在该中心成立40周年时,近100位在此受益的科学家畅谈了他们的成长之路,给人启发颇多。

◯ 科学产生的条件

亚里士多德(Aristotle)在他的《形而上学》一书中指出,科学的产生需要具备三个条件:闲暇、自由和好奇心。《成为科学家的100个理由》收录的这些科学家在讲述自己的成长历程时,不约而同地都谈到了在他们求学的阶段,家庭和学校都努力为他们营造宽松的学习环境,引导他们逐渐进入科学领域。

开明的父母通常十分珍惜孩子的兴趣、爱好,用各种方式鼓励孩子去实践和探索,即使把家里搞得一塌糊涂也不轻易指责。比如,诺贝尔物理学奖获得者菲利普斯(William Phillips)回忆说,自己大约在5岁时,已经收集了一大堆用于"化学实验"的瓶瓶罐罐。家中地下室里有一块属于他的"实验室",他花了很多时间去做像燃烧、爆炸、烟花和碳弧灯之类颇为危险的实验。

他们当中有些人的父母或者祖辈就是科学家,有科学探究的环境和氛围,但更多的人家境普通,父母在学习上都帮不上多大的忙,却懂得呵护孩子的好奇心。就像诺贝尔物理学奖获得者崔琦所说,他的童年没有什么吸引人的科学故事,也没有灵感顿生的时刻。是好奇心成就了他,好奇心把他领进新的知识疆域。

这些颇有建树的科学家,有不少人是在学校教师的循循善诱之下,走向科学研究的道路的。学校没有整天让他们做试题,而是不断为他们创设自主探索的时空,用多种方式激发他们对科学产生兴趣。比如,诺贝尔物理学奖获得者拉曼(Chandrasekhara Venkata Raman)亲自到中学给学生上课的事情,就被多位印度科学家提及。诺贝尔化学奖得主芬恩(John Fenn)说,当年的老师朱里安是那种真正能使课程活起来的教师,他任教的课程远比照本宣科式的教学更有吸引力和说服力。

当然,科学家的中小学学习生涯并非只有鲜花。有的人一直到了高中毕业还不知道自己擅长什么,有的是因为一位老师、对一个课题的探索突然对科学产生了兴趣,有的是在懵懂之中被播下了科学的种子……芬恩回忆说,在中学时代,对学校组织的知名人士讲座颇有怨气,因为每次都必须参加,多年之后才发现正是过去怨艾的小礼堂,为自己的中学时代留下了最难忘、最美好的回忆,也为自己的科学研究奠定了厚实的基础。

◯ 良好习惯的培养

为什么在17—19世纪,诸多科学成果都在英美等西方国家诞生?一个很重要的原因是:一批富有家庭的孩子,一生衣食无忧,不用为生活打拼;或是一些天资聪慧的孩子,获得某方面的资助后可以将全部身心用在探索和研究上。他们或将整个自然界、社会作为自己的观察对象,对其做全面的考察和分析,或在自己的家里创建实验室,就某一感兴趣的问题做一次又一次的实验,并不断将自己的发现和别人分享。既有充裕的时间,又有充分的自由,还有强烈的好奇心,这些是获得科学发现、取得创新成果的前提。但仅有这些是不够的,科学家们指出,还要着重培养两个好习惯:一个是阅读,另一个是坚持不懈。

科学发现不是瞬间完成的,科学家也不是一夜成名的,在取得某项科学成就之前,他们已经做了方方面面的探索和准备,其中,阅读的习惯对他们的成功起到了至关重要的作用。丘成桐回忆说,广泛的阅读使他获得了许多同学甚至老师都不知晓的信息。芬恩从小学五年级开始便养成了良好的阅读习惯,直到大学毕业,始终坚持每周阅读四五本书。约克在 9 岁那年,就痴迷天文学,在读完了手头的相关图书后,便开始利用业余时间到图书馆查询和阅读有关太阳系及行星的图书,许多阅读内容至今仍然记忆犹新。约克认为,阅读对他思维的影响远胜于课堂。从孩提时代就养成的阅读习惯,使得这些科学家时刻关注科学发展的前沿,关注自己思考领域的最新进展,让自己始终站在研究领域的制高点上,为自己的科学研究奠定了扎实的基础。

汕头大学图书馆举办过一场讲座,邀请了德国的一批科学家给我国各地高二年级爱好科学的学生做演讲。其中,在 20 世纪 80 年代因发现细胞分化具有可逆性而扬名世界的女科学家布劳,讲述了自己的故事:从那个时候到今天,一直不断地探索如何把在小老鼠身上实验成功的药物,应用到人体肌肉干细胞中,但挫折却远多于进展,至今依然在试验。虽然布劳没有放大其中的挫折,却让不少在座的学生感到沮丧,并产生了"将来绝不会做科研"的想法。这反映出当下不少年轻人的心态,太想走捷径,但科学没有捷径。

沃尔夫数学奖获得者卡尔森,为了研究傅氏级数问题,耗费了足足 20 年的光阴;最终证明了费尔马大定理的怀尔斯(Andrew Wiles),在书斋中一待就是 10 年,其间没发表过任何研究论文。这只是科学家潜心研究的两个案例,但也充分说明成为科学家需要怎样的殚精竭虑与苦思冥想。卡尔森强调,科学研究除了要有良好的智力外,成功最重要的原因仍然是吃苦耐劳与坚持不懈。即使是牛顿（Isaac Newton），其万有引力定律也是"长期专注思考的结晶"。

◯ 刚刚开始的科学

若干世纪前，航海探险者证实了地球的形状和大小，描绘了各大陆的粗略轮廓。如今，我们已经能勾勒出整个宇宙的概貌，并且知道它由何种基本元素组成。尽管如此，我们眼前的未来远较已经发生的过去更漫长。科学才刚刚开始，是一种无止境追寻的过程。对准备献身科学的年轻人来说，这是一个令人羡慕的时代。

名师成长之路

在教师群体中有这样一批出类拔萃者,他们上课风趣幽默,深受学生喜爱;他们教学质量优异,受到各方赞誉;他们充满人格魅力,影响身边众多的人;他们不停地跋涉探索,找寻教育的真谛。人们通常称他们为"名师",他们是教师身边的榜样,是大家学习和追赶的目标。名师成长历程各不相同,但有一个共同点,那就是阅读。

○ 成长无捷径,读书很重要

几乎所有名师都在做一件普通但又非常重要的事情——读书。大量地、广泛地、坚持不懈地阅读,是教师成长为名师的秘诀。

在总结自己的成长经历时,闫学说没有什么捷径,无非就是阅读。吴正宪说本领不是天生的,学习的路径有很多,于是不懈努力,拜书本为师。《读书成就名师》也告诉我们:其实,名师成长没有捷径,无非是如苏霍姆林斯基一直提倡并践行的那样阅读、反思和实践。

为什么读书对教师的成长如此重要?王崧舟认为,教师专业成长的历程实际上是两个转化的过程,即"读书→底蕴→教学",从读书到底蕴的转化,是积淀的过程;从底蕴到教学的转化,是创生的过程。教师的底蕴是靠书堆起来的。书读得多,不一定底蕴就深厚。但是,不读书、少读书,是一定没有底蕴的。于永正对此也有很深的感触。他说很多人问他为什么他的课内容很丰富，原因是他平时注意积累，注意从书中获得更多的知识，从书中找到迅速提取信息的方法。

读书的重要性很少有人怀疑，但大家总是抱怨工作太忙，抽不出时间阅读。对此，闫学有自己的见解，认为当读书成为一种生活方式时，就不愁没有阅读的时间。阅读应像呼吸一样自然。

读书一定要成为自己的生活方式，才不会觉得是一种负担，不会觉得是一种额外的劳役。对有人提出的教师读书要坚守的观点，吴非就很不赞同。他说，读书竟然需要"坚守"，这种局面很可悲，应当引起全社会的关注。"坚守"给人的感觉是一种对痛苦的忍受，很悲壮，何乐之有？读书之于他，像吃饭一样是一种需要——一种精神的需要。

程红兵认为当下语文教育最大的问题，是语文教师的功底太差，不看书，只看教参，没有人文积淀，对文本的理解和分析不够，与学生没有知识落差。其实，这何尝仅仅是语文教师的问题呢？很多教师除了教材、教参和教辅这三类书之外，基本上不读其他书，对本学科的前沿不了解，对教育发展的新形势不知晓，这大大制约了教师自身的专业成长。

钟志农是一个"奇人"，50岁那年放弃了教育局局长的职位，开始从事心理学方面的研究，并成为名家。他的经历告诉我们，读书从什么时候开始都不晚，名师的成长与他的读书史是紧密相关的。

◯ 阅读有方法，成效见课堂

爱看书的教师和不爱看书的教师，在课堂上的表现是有很大差异的。华应龙对此有过认真的分析，爱看书的教师在课堂上充满激情，有信心，有底气；而不爱看书的教师大多习惯于照本宣科，有些木讷，缺少那么一点儿自信，不敢偏离教学计划，更不敢敞开心扉应对学生的挑战。

每天上课，教师都会遇到很多疑难杂症，需要分析和解决。而读书是解决这些问题最为重要的途径之一。华应龙在书中举了这样一个事例：他给四年级的小学生上"游戏公平"一课时，做了一个抛硬币的游戏，想以此来说明正反两面的可能性是相等的。但在课堂上，常常遇到尴尬。抛10次硬币，有的小组抛出2正8反，有的小组抛出了9正1反，小概率事件变成了大概率事件。问题出在哪里？华老师从书中寻找智慧，后来在王健先生的《创新启示录：超越性思维》一书中得到了启发：把硬币抛1米高和抛1厘米高，结果当然不一样！问题迎刃而解。相信喜欢读书的每一位教师，都会讲出一些类似的故事来。

吴正宪注意到，孩子们的喜怒哀乐是与他们的学习紧密联系在一起的，所以她认真学习儿童心理学，阅读了大量这方面的专著，并将这些心理学的理论与自己的课堂教学紧密结合，使自己的数学课堂充满了浓浓的人文情怀。

吴非强调，一名教师能走多远，取决于他能否独立思考。有了思考能力，就不会轻易相信任何东西。而读书正是培养独立思考能力的好途径。皮亚杰（Jean Piaget）的认识论指出，儿童的智力和情感都是由低级向高级发展的。很多人对此深信不疑，并依据他的这套理论来实施教育。周益民通过读书意识到，儿童的智力和情感并非如皮亚杰所说，一个人的情感、灵性在童年时代就达到最高峰，若不加以呵护，会越来越退化。这不仅是对教育理论的反思和批判，更是践行自己教育主张的基础。

读书对课堂教学如此重要，那该如何去读呢？有人认为，读书的秘诀无非是联想与思考。联想是读出自己的共鸣，与生活、经历、情怀和时代接通；思考是读出问题，质疑，不轻易相信。闫学则在《教育阅读的爱与怕》一书中提出了"有坡度的阅读""阅读重在完善知识结构"等概念，直指教师阅读的软肋和痛处。

王崧舟认为，阅读最重要的是达到融会贯通。就像季羡林先生对年轻人讲的，做学问，要达到"三个贯通"：第一个是中西贯通，第二个是古今贯通，第三个是文理贯通。做到了这"三个贯通"，那么你的文化底蕴就像金字塔的底座那样变得宽厚、坚实。

读出真自我，奠定多元色

读书的过程，实际上是在两个方向不断探索的过程。

一个方向是向内，不断探索内心，尝试正确地认识自己。王崧舟认为我们不断地向外寻求，心灵变得四分五裂，对内心的需求关注得越来越少。实际上，阅读是能让人找回自我、感知自我存在的很好的方式。

另一个方向是向外，不断地探索与自己生活、工作相关的领域，建构起自己对世界的认识。

教师爱上阅读，会对学生阅读产生重要的影响。于永正认为，学生时代一定要多读一些经典著作，这是为人生奠定底色的。吴非更是强调，一个人如果到了十七八岁，还不能认识到人文精神的重要性，还没有独立思考的意识，指望进了大学再修炼，性情、心灵和教养就已经有很多补不了的空洞了。

今天的师生身处信息化社会的洪流中，在阅读习惯的培养方面又多了一些障碍。信息传播手段的快捷化、碎片化，浅阅读的流行，对阅读的冲击很大。从纸页转到屏幕，改变的不仅是我们的阅读方式，还有我们投入阅读的专注程度和沉浸在阅读中的深入程度。

医学家经研究得出一个可靠的结论：神情专注的人更长寿。书法家就是例子。他们在挥毫泼墨时，专心致志、聚精会神、气沉丹田、心手合一，在全情投入的过程中，很自然地处在宁静致远、物我两忘的至高境界。这种境界使人乐而忘忧，可以增强人体的免疫力。阅读，不就可以让我们达到这样的境界吗？

让教学生涯充满激情

人日复一日地从事某种高难度的工作，时间久了就会产生疲惫、困乏甚至厌倦的心理，在工作中难以提起兴致，打不起精神。这种在工作重压下产生的身心疲劳与耗竭的状态，称为职业倦怠，它最早由美国心理分析学家弗鲁顿伯格（Herbert J. Freudenberger）于1974年提出。职业倦怠在教师群体中是客观存在的。

○ 教师职业倦怠的成因

珍妮·格兰特·兰金（Jenny Grant Rankin）在《教师的急救箱：迅速消除你的职业倦怠》一书中指出，职业倦怠通常是由人所在的组织引起的，而不是由个人引起的。要分析和研究职业倦怠的成因，需要抓住学校这个视角。

教师产生职业倦怠的原因是多方面的，但总的来看，以下几个方面不容忽视。一是社会、家长以及教育行政部门对学校教育质量的要求。不管是办学水平好的学校，还是基础薄弱的学校，教师都面临进一步提升教育教学质量的巨大压力。这些压力是持久的，而且有不断增加的趋势。二是工作超负荷带来的压力。教师不仅要完成日益繁重的教育教学任务、课程改革的探索实践，还要承担很多与自己的主业不太相关的各类工作，导致长期处于超负荷工作的状态。三是教师孤掌难鸣的无助感。

教学工作原本是需要团队作战的工作，几位教师共同承担一个班级的教学任务，通过分工合作的方式帮助学生健康成长；一个学科的不同教师，分别承担学科教学环节中的一部分教学内容，通过互相配合实现教育目的的有效达成。但在现实生活中，教师总是关上教室的门孤军奋战，缺乏团队合作的意识，长期处在孤立无援之中，导致身心长期处于疲惫状态。四是频频出现的学生不良行为。学生出于学习压力过大、情绪焦虑、青春期等各种原因而产生的纪律问题，给教师的教育教学工作带来了很大的困扰。一部分教师不太善于处理学生的这种不良行为，导致学生在他们面前有恃无恐。五是教师单调的工作节奏。教学原本是富有创造性的工作，因为每天面对的是身心状态不同的学生，教师需要不断生成新的教学策略和教学方法来应对。但一些教师在工作一段时间后，在教学方面逐渐固化了自己的一套做法，始终以不变来应万变，不愿打破常规，也很难在工作中发现乐趣。

产生职业倦怠的教师，在工作上的投入会大大减少，面对学生会缺乏耐心，还会丧失对学校发展的使命感，以及对本人职业发展愿景的期待。这无论是对教师个人还是对学校的发展来说都是非常不利的。

◌ 先做好准备工作

尽管教师职业倦怠已经成为一种全球的"流行病"，但在作者看来，只要处置得当，是有可能快速消除这种负面职业影响的。教师自己先要做好以下几个方面的准备工作。

一是心态上的准备。职业倦怠有点儿类似传染病，一旦有教师积累了较多的负面情绪，产生了职业倦怠，就会在教师群体中逐渐蔓延开来。教师要建立成长型思维模式，坚信自己的教学能力和专业水平是可以在教育教学实践过程中不断提升的，在工作和学习过程中遇到的各种困难和焦虑，其实都可以锤炼自身。有了这样的心态和信念，在遇到那些消极的、负面的情绪的时候，自然就可以获得免疫力，让自己始终保持对教学的热情。要远离那些经常带来负面影响的教职员工。如果实在无法回避，就向他们介绍一些自己克服职业倦怠的做法，或者为他们抱怨的议题提出一些改进和完善的建议。要养成健康的生活习惯，包括生活规律、睡眠充足，参加有益的健身和文艺活动等。良好的身体素质是心理健康的基础。

二是教学环境上的准备。要改善教学环境。因为孩子没有大人讲卫生，学校里充满了细菌。康涅狄格大学对11年的数据做了研究，发现由传染性疾病、糟糕的空气质量和老旧建筑材料引起的免疫力疾病而导致死亡的比例，教师行业是其他行业的两倍。要让教室保持明亮。自然的感觉是教室设计需要考虑的重要因素，其中源源不断的自然光最为重要。要重视学习环境的营造。一项针对英国153间教室里的3766名学生的研究显示，一个学生的年度进步，其中16%可归功于教室设计的简单改变。

三是做到劳逸结合。有关脑科学和心理学的研究表明，人在一天中能沉浸在工作和学习状态中的时间是有限的。长期超限，不仅会带来巨大的心理压力，也会导致身体上的各种不良反应。对各方提出的超量的工作要求，教师要善于说"不"，要接受自己的不完美，努力让自己的身心处于适宜的状态。

◎ 远离职业倦怠的策略

在本书中，作者向读者推荐了多条消除职业倦怠的影响、让自己永葆教学激情的策略，还提供了一系列自测表，便于读者对自己当下的状况加以检测。

比如说，要妥善布置家庭作业。适量的家庭作业有利于学生学业成绩的提升，但超过了一定量之后，二者就不再呈正相关了。研究表明，家庭作业对学业成绩的影响远低于课堂教学的创新带来的平均影响。这是因为家庭作业的反馈时间多在一天之后，这种结果性的评价远不如学习过程中的生成性评价来得有效。

比如说，要善于寻找合作者，借助同伴的力量来提升教学质量；要主动寻求专家的帮助和支持，让自己站在前人的肩膀上前行。教师自己对教育教学的孜孜以求，加上同伴的相互支持以及专家的引领，是教师体验职业幸福感、远离职业倦怠的不二法宝。对学校来说，当教师进行合作时，人员流动率更低，职业满意度更高，同事关系更加稳固。

比如说，要向"一成不变"宣战。教育的环境在发生改变，育人的方式、教育教学的内容和学生群体的状况等也在发生改变。要在这个巨变的时代做一名好教师，就必须不断挑战自己，主动对接课程与教学改革的新要求。同时要加强时间管理，学会合理安排自己的工作和生活，也给自己的成长设定合理的预期。

比如说，要学会正确地运用各种技术。教育教学负担重与工作低效、单调有直接关系。像批改作业、学生学习情况的取证、分析和研判等工作，完全可以凭借技术手段快速地加以处置，把更多的时间腾出来用于开展创造性的活动。这就要求教师与时俱进，主动学习新的技术和手段，把自己从繁忙的事务中解脱出来。

比如说，要搭建良好的支持网络。孩子的成长是一个系统工程，牵涉方方面面的资源和力量。教师要主动争取教育行政部门和管理者的支持，善于和家长沟通交流，设法得到社会各界的理解，为自身在教育教学方面的探索和实践赢得广泛的群众基础和良好的舆论环境，等等。

不断学习，坚持不懈地提升自己的理论修养，夯实专业基础，厚实精神底蕴，努力让自己站在教育的制高点上，也是远离职业倦怠的有效策略。

教师要挺直腰板儿

教师和学生是相互依赖的生命，是互相影响的伙伴，是共同成长的朋友。教师蹲下身子，就像一堵墙，为学生遮风挡雨；教师弯下腰来，就像一座桥，引领学生走向智慧的彼岸；教师挺直腰板儿，就像一把梯子，引导学生攀登科学高峰。

要担负起教师的使命和责任，其实并不容易。吴非老师的《不跪着教书》一书告诉我们，只有挺直腰板儿，做一个站直了的人，一个大写的人，才能够真正引领学生健康成长，教会学生如何做人。

◎ 要善于独立思考

在生活中，以讹传讹的现象非常普遍，很少有人对此提出质疑。之所以会这样，是因为我们平时根本没有养成独立思考的习惯，喜欢人云亦云。

要改变这种现状，教育的责任重大，教师的以身示范作用尤为重要。吴非说："如果教师没有独立思考精神，他的学生就很难有独立思考的意识……面对一本教参，他不敢说'不'；面对外行领导的错误指责，他会立刻匍匐在地。教师丧失了独立思考精神乃至丧失尊严，能靠他去'立人'吗？"①

  独立思考是人的一种本能。人一来到这个世上，就开始用自己的各种感官去感知世界，并通过自己的独立思考去拼凑世界的模样。在孩童时期，每个人脑海中的世界都是五彩缤纷、各不相同的，有着非常鲜明的个性特征。教育最善于做的事情，往往不是呵护孩子的独立思考能力，培养他独立思考的习惯，而是从规范、标准的角度加以约束，最终把他变成标准件推入社会。在这个过程中，作为个体的"人"不见了，独立的思想不见了，人的尊严丧失了。

  在这个知识爆炸、职业更替日趋频繁的时代，仅靠学校里教的那些知识，远远不能满足学生一生的需求。只有让学生具备终身学习的能力，才能使学生直面社会和科技的新变化。终身学习能力的基础，就是独立思考的精神，这需要在平时的教育教学过程中加以培养。

  学生喜欢的教师，往往是那些具有独立思考能力的教师。教师自己不迷信专家，不迷信书本，能够在教学中对所教内容提出新的见解，能启发学生更多的思考。学生通过与教师互动交流和思维激荡，获得非同寻常的认知体验，沉浸在对学科美的感悟之中，并被学科的无尽魅力所震撼。课堂上能时常有这样的体验，学生才不会感到厌倦，总是期待课程新的开始。而那些缺乏独立思考精神的教师，常常"把最富有活力的学科搞得索然无味，把精美的教学内容弄得黯淡无光，把最有诗意的生活糟蹋得鄙俗不堪"②。

  要培养学生的个性，关键是让每个教师都有自己的个性，有自己的独立思考。教师不再照本宣科了，敢于让学生发表自己的主见了，不担心课堂会"失控"了，有独立思想的学生才会慢慢地多起来。

---

①② 吴非. 不跪着教书 [M]. 北京：中国人民大学出版社，2015: 30, 57.

要做个情感健全的人

如果教师把教育看成为自己谋取利益的方式,那么他在具体的教育行为中,就不会关心学生的身心感受,在课堂上会满堂灌,如果有可能还要拖上几分钟的堂;课后会和其他老师抢时间,以免学生在自己教的学科用时少;只要学生不能达到自己的要求,就会在各种场合声色俱厉地予以批评,以保证学生不敢在自己的学科上偷懒……以上种种目中无人的教育行为,长期存在于我们的教育中,而且愈演愈烈。

一个情感健全的人,是一个尊重生命的人。他有善良的品格和同情心,能对发生在学生身上、发生在他人身上的事情感同身受。如果对学生的痛苦麻木不仁,对学生沉重的负担缺少同情心,就说明他已是一个情感不健全的人。

一个情感健全的人,是对自己的家庭、对自己的亲人充满关爱的人。他爱自己的家人,重视对子女在互助友爱、节俭朴素、自尊自爱诸方面的教育,并将其自然地延伸到自己的学生那里,努力为学生播下真善美的种子。他热爱教育工作,但不会走极端,在自己的孩子、父母出现状况的时候,不会以工作为由牺牲亲情,不会以此来标榜自己多么大公无私。他明白这样的道理:如果一个人连自己的爱人、孩子和父母都不顾,却说热爱自己的岗位,这其实只是极端个人主义的体现,就是一种极不人道的行为。

一个情感健全的人,会和家长保持适度的距离。他懂得家校互动的重要性,善于发挥家庭教育和学校教育的合力,共同促进孩子的健康成长,但他同时会警惕家长和自己过度热络带来的负面影响。他不会和家长打成一片,不会动不动就接受家长的宴请和家长时不时送来的礼物。他明白,"在一个文明的国度,如果家长为了孩子,送礼物给教师,会被视为含有侮辱的无礼之举;家长为了孩子的学习请教师吃饭,则是对教师的鄙视"①。吃人家的嘴短，拿人家的手软，学生也会因此蔑视教师，教师的职业尊严也会荡然无存。

一个情感健全的人，是一个挺直腰板儿的人。"为什么教师的地位仍旧没能高起来，为什么教师群体的综合素质提高缓慢，除了社会原因以外，教师本身进德修业意识比较淡薄也是一个方面。"② 教师要学会教书，首先应当学会读书，学会思考；不仅自己要这样去做，还要引导学生会读书，会思考。读名著的目的很明确，就是能像一个真正的人一样站立着。

○ 要形成独特的教学风格

吴非老师说，评价一位教师的工作，简而言之三句话：让学生喜欢你的课，让学生喜欢你任教的学科，让学生有终身学习的意识。这是一个递进的关系，只有学生喜欢教师的课了，实现后面两句话才有了基础。

教师上有自己独特教学风格的课，学生往往会比较喜欢。教学风格是教师在教学艺术上趋于成熟的标志，是教师的教育思想、个性特点和教学技巧在教育教学过程中独特的、和谐的结合和经常性的表现。有教学风格的教师，有以下几个方面的特征：一是教学充满艺术性，课堂常给人一种和谐、流畅的感觉，充满艺术感染力；二是在教学内容的处理、教学方法的选择上具有鲜明的个性特征，常能让人眼前一亮；三是课堂教学举重若轻，让学生在轻松愉快中就把握了知识的精髓，教学效果明显；四是具有较为稳定的心理品质，教学内容与师生活动水乳交融。

对教师有独特教学风格的课，学生往往充满期待。我们常在书中读到民国时期的那些教育大家，没有现在的多媒体设备辅助教学，全靠学识来吸引学生。每到他们上课的时候，教室的座位早早就被学生抢占，

---

①② 吴非. 不跪着教书 [M]. 北京：中国人民大学出版社，2015: 69, 45.

很多人宁愿坐在过道上或者站着,也不愿意错过他们精彩的课,他们的教学风格起到了非常关键的作用。吴非说,教师没有教学风格就没有教学地位,"风格延续着教师的教学生命,因为它有可能长久地影响学生对学科的兴趣……没有风格的教师一如泥胎木偶,他的语文课就如破庙里的庸僧在谈禅"①。

  教师的教学风格受他的教育观念的影响。十多年的课改之所以仅仅在点上有一些案例呈现,面上的成效并不显著,很重要的原因之一就是大多数教师的教育观念并没有发生转变。教师缺乏学习精神,甘于现状,不愿越雷池一步,如何能形成自己独特的教学风格!教师的教学风格还与所处的学校环境有直接的关系。在大一统的教育管理模式下,教师要有所创新,要有些与众不同的尝试和探索,是非常困难的事情,不仅教师之间会指手画脚,连学校领导也未必有心理承受能力。如果没有一个宽松的环境,教师要想形成自己的教学风格也是非常困难的。

  只有成为一个具有独特教学风格的教师,才能在课堂上挺直腰板儿,让自己的课堂熠熠发光。在这样的课堂上成长的学生,自然也就容易成长为一个站直的人,一个大写的人!

---

① 吴非. 不跪着教书 [M]. 北京:中国人民大学出版社,2015: 61.

下辈子你还愿意教书吗

蔡兴蓉是一位被贴上了"另类"标签的语文教师。

他的人生经历很丰富。大学毕业后被分配到一家国有企业工作，因对文史哲有着超乎寻常的兴趣，毅然返回故乡到高中执教，做起了语文教师。对那些自己感到不合时宜的课文，他会将其从课堂上除去，留出更多的时间引导学生读名著。他常自掏腰包为学生买课外读物，让知识的甘泉不断滋养乡下学子的心灵。他敢于在课堂上摆出围棋，公然将课堂移至月光下、小巷中、树林里、古渡口……他深信教育应该就是一种生活，应该让学生读懂这些无字之书。他深受学生喜爱，他的课堂是学生享受精神盛宴的场所。后来他弃教从商，在深圳做起了家教。《下辈子还教书》既是他以教育为主题的人生自传，又是深刻剖析当下教育问题、促进人们反思教育行为的教育著作。

◯ 学校教育的弊端

当下的学校教育存在诸多弊端，究其原因主要有以下两个：一是升学主义，二是管理主义。

学校对升学率的重视程度在今天已到了无以复加的地步。升学率常常决定校长能否升迁、教师能否被聘用。只要是有利于提高升学率的事情，有的学校甚至可以不择手段地去做，这在蔡兴蓉的书中也多有描述。

升学主义的影响，不仅仅体现在初中、高中阶段，甚至从小学、幼儿园阶段就开始了。家长想尽一切办法让孩子进一个好的幼儿园，才有可能衔接好的小学，升入好的初中、高中乃至名牌大学。全社会择校成风就是升学主义的典型表现。升学主义的背后，是文凭的附加利益。有了名牌大学的文凭，才可以找到好的工作；有了本科以上的文凭，才可以成为国家干部。有些热门大学每年在外省只招收为数极少的学生，有意抬高自身身价，凸显文凭的重要性，这进一步加剧了社会上升学主义的蔓延。

在过去，校长给教师发聘书，要亲自送到教师家里，千恩万谢教师为培育孩子做出的贡献，希望教师在新学期能够继续留在学校里任教；但在今天，校长和教师的地位发生了倒置，教师能否被聘用，全由学校说了算。管理主义成了学校生活的常态，很多人身处其中，甘愿接受这样的管理，却浑然不知其危害性。

德育上的管理主义更是司空见惯。是非对错的观念，只有经由孩子与外在世界的互动，才能逐步建立起来，才会内化为孩子自身的价值观。但现在我们相信的是标语、口号、宣传、教导、训斥和奖励，以为这就是德育。在这样的环境下，孩子学会了顺从与乖巧，迎合家长和教师的心理，结果常常是阳奉阴违，一旦离开大人的保护伞，就将此前听到的教诲抛诸脑后。

教师队伍建设中的管理主义也比比皆是。蔡兴蓉特别提到了现行的职称制度，指出这一制度从来就不是从教育出发，而是从管理出发的。在评职称的过程中，"下指标"是管理主义的一大"绝活"，指标与究竟有多少人符合标准无关。学校里高级教师的比例也是有限制的，如果老的高级教师不调走或者不退休，中青年教师无论再优秀，也没有被评审的资格。

管理主义为什么能够根深蒂固地主宰我们的教育？一是因为封建主义的残余思想在作怪，认为天下的事情只能在最高权威下运作；二是图行政上的方便，设定一致的标准，最省事，也最不需要负责任。

◎ 育人的初衷被忘却

教育是慢的艺术。蔡兴蓉认为，指向灵魂的教育之所以"慢"，大致有几个原因：一是耗时多；二是境界高；三是见效慢。这是教育规律，更是教育常识。

但在升学主义的笼罩下，以前只是统一教材，现在连进度、考试和评分标准都统一了。教师的专业自主性丧失殆尽，学生个体间心智的差异也不能受到照顾。许多学校每次考试后，都将学生按分数高低排名，宣称以此来鞭策学生，鞭策教师，也鞭策家长正视子女在学校的考试成绩。

在这样的环境下，好教师失去了施展抱负的空间，在升学的现实中妥协、消沉，甚至离职而去。只重"育分"不重"育人"的现象，在现实生活中是如此普遍，以至于很多教师都认为这就是工作的全部，而忘记了育人的初衷。

在管理主义的背景下，教研组的功能只剩下执行命令，统一命题，统一进度，统一考试，教师的教学个性被钉死在墙上的统一进度表上，学生的个性被抹平在桌上的统一测试卷上。学校很少会预留时间给教师开教学研讨会，做教学研究。教师的工作，只有听从命令与执行，而无讨论、创新、尝试与进步。教书变成日日重复、平淡无趣的工作，倦怠成了教师人到中年以后的普遍特征。

一个刚上小学的孩子，回到家里跟他的父母讲自己印象最深的一点就是，老师总是板着脸，见不到笑容。小学老师都已经这样了，可以想象初中、高中的老师脸会拉得多长！蔡兴蓉说，"教师并非天生热爱板脸，而是头脑中的专制意识在脸部肌肉上的反映"[1]。换句话说，管理主义已经渗透到教师的血液中，成为管理学生的重要法宝了。

---

[1] 蔡兴蓉.下辈子还教书[M].上海：华东师范大学出版社，2015: 14.

蔡兴蓉说："我们没有见过这样的医生：他专给糖尿病患者吃糖，或者专给肾炎病患者吃盐。但是，我们却无处不见这样的教师：学生怕什么，他就教什么；学生怎样怕，他就怎样教。"① 这也是管理主义、威权主义的表现方式。

当威权内化为人的性格，升学恶化成同学间的明争暗斗，人性必然扭曲，教育的前途必然黯淡。如果家庭与周遭环境，甚至学校，都只谈眼前利益，无法提供任何值得追求的内在价值，年轻人就会迷失甚至沉沦。而当年轻人承受日复一日沉重无比的考试压力，却只换来挫折和屈从，换来大人的偏见与冷落，甚至鄙视与敌意时，反社会是其自然的心理反应，暴力与犯罪则是自然的结果。

语文教师的使命

蔡兴蓉强调："语文教师的使命：一是给学生一定的语文知识，二是给学生丰富的精神世界。"② 这两件事情其实是融为一体的。蔡兴蓉通过一个具体案例对此做了说明。

"疑"字的意思是怀疑和拿不定主意，这是知识；"疑"的左半边是匕首和箭，右半边是"矛"的上部和"走"的下部，表示敌人拿着匕首和弓箭来了，当事人不知道是挺矛反抗好，还是拔腿逃走好，这是"疑"的来历，是文化；如果当事人就是你，这战争是正义的还是非正义的，你跑还是不跑，则涉及人生观和价值判断，这就是精神了。

你看，仅仅通过一个字，就能讲出文化，让学生获得精神层面的感悟，语文教师是多么重要，做语文教师是一件多么光荣的事啊！在用文化涵养学生的心灵、为学生的精神世界奠定厚重的底色方面，语文学科有着独特的作用和价值。以至于蔡兴蓉讲出了这样的话："语文教师的人

---

①② 蔡兴蓉. 下辈子还教书[M]. 上海：华东师范大学出版社，2015: 11, 28.

文素质,决定着全民族的人文素质。"[1]

遗憾的是,教给学生知识易于评估,而丰富学生的精神世界则难以评估,尽管后者比前者重要得多。只要死记硬背几十句名言佳句,就可以在考试中得分;而领悟出唐诗宋词的韵味,并不见得能在考试中占多少便宜。在这种功利主义思想的引导下,一些语文教师放弃了文字背后的文化和精神,只专注于知识的默写和背诵。

在书中,蔡兴蓉多次强调了这样的观点:知识分子的思考是一条直线,永远通向未知;而"作业技术员"的思考则是一条线段,不越雷池一步。作为教师,你是愿意成为知识分子,还是作业技术员呢?下辈子你还愿意教书吗?

---

[1] 蔡兴蓉.下辈子还教书[M].上海:华东师范大学出版社,2015:32.

本辑延伸阅读书目

1. 华应龙. 教育要给学生留下什么 [M]. 北京：中国人民大学出版社，2019.

2. 让·皮亚杰. 教育科学与儿童心理学 [M]. 杜一雄，钱心婷，译. 北京：教育科学出版社，2018.

3. 张文质. 小事物的教育学 [M]. 重庆：西南师范大学出版社，2013.

4. 李政涛. 重建教师的精神宇宙 [M]. 上海：华东师范大学出版社，2014.

5. 吴非. 致青年教师 [M]. 北京：中国人民大学出版社，2015.

6. 杰姬·阿克里·沃尔什，贝丝·丹克特·萨特斯. 优质提问教学法：让每个学生都参与学习 [M]. 盛群力，等译. 2版. 北京：中国轻工业出版社，2018.

7. 王晓春. 问题学生诊疗手册 [M]. 2版. 上海：华东师范大学出版社，2013.

8. 莫提默·J.艾德勒，查尔斯·范多伦. 如何阅读一本书 [M]. 郝明义，朱衣，译. 北京：商务印书馆，2004.

9. 刘波. 教师阅读力 [M]. 2版. 宁波：宁波出版社，2020.

10. 约安·詹姆斯. 物理学巨匠：从伽利略到汤川秀树 [M]. 戴吾三，戴晓宁，译. 上海：上海科技教育出版社，2014.

11. 哈维·戴蒙德. 健康生活新开始 [M]. 荀寿温，译. 海口：南海出版公司，2017.

12. 克里希那穆提. 一生的学习 [M]. 张南星，译. 深圳：深圳报业集团出版社，2010.

13. 伯特兰·罗素. 西方的智慧 [M]. 张卜天，译. 北京：商务印书馆，2019.

14. 郑杰. 给教师的一百条新建议 [M]. 修订版. 北京：中国人民大学出版社，2015.

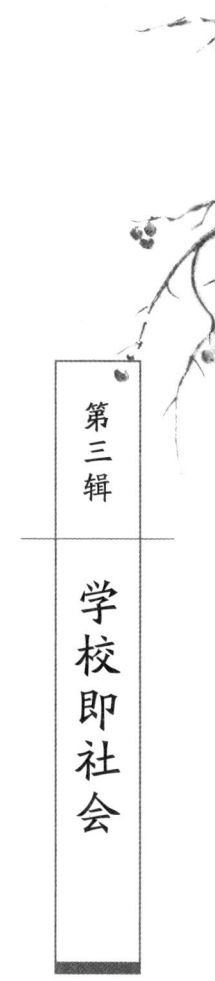

第三辑 学校即社会

学校是一个让学生变笨的地方

约翰·霍特（John Holt）是美国当代教育改革的领导者，更是非常用心的教师。在担任小学教师期间，他记录了孩子们在课堂上的种种表现，以及自己对这些现象的观察和分析，这些教学日志就是《孩子为何失败》这本书的核心内容。

◯ 学校是一个让学生变笨的地方

在这本书中，约翰·霍特做出了如下判断：学校是一个让学生变笨的地方。尽管这个判断让我这个教育工作者感到很难堪，但仔细想想，事实确实如此。

孩子在没有进入学校前的时间，是学习最为努力、成效也最为显著的一段时间。复杂的语言系统、对自然界中不同事物明晰的判断、协调的身体机能和健康的体魄等，在这一阶段都有很明显的长进。特别重要的是，孩子学得很愉快，很自主，也没有心理负担。但进入学校后，情况发生了很大的变化。

第一，学校课程给孩子带来了很大的学习压力。

孩子在生活中学习，采取的是整体感知的学习思路，但学校给孩子设计的课程却是一个个分门别类的知识体系。用通俗的话说，每一门课程就像洋葱的一瓣，孩子了解的是每一瓣的细节，但对洋葱整体的形状常常一无所知。而孩子在生活中认识洋葱，则是先从整体开始，再一层层地剥开来，逐步了解其内在结构。孩子在生活中认识世界的方式，和通过学校课程认识世界的方式有很大的不同，这种不同会给孩子的学习带来困难和障碍，但很多教师并没有意识到这一问题的存在。

第二，课堂教学给孩子制造了很多学习上的麻烦。

为了用简洁的语言来表达学科的特征和规律，人类发明了一套套非常独特的符号系统。符号本身并没有意义，除非我们赋予它某种意义。既然别人可以赋予某一符号特殊意义，学生其实也可以这样做，但在当下的课程教学中，学生很少有机会参与赋予某种符号特殊意义，做得最多的事情，就是努力地去记住这些符号。原本在生活中非常普遍的体验式学习很少见了，抽象的、符号体系的记忆式学习铺天盖地。学生学习像鹦鹉学舌，他们既不知道也不了解一个关系式和实际事物之间的关系，或与其他领域的关系，只是盲目地背诵。

第三，作业测验给学生带来了非常沉重的课业负担。

我们的师范院校里既没有在作业研究方面出名的教授，也没有专门研究作业的课程。从师范大学毕业走上教育岗位的教师，对作业问题也缺乏研究。很多人认为，作业有助于培养学生的自律性和责任感，能帮助学生改善学习技巧，取得良好的学习成绩，有助于家校相互联系。但众多教育测量结果表明，作业和学业成绩之间没有整体的正相关。

考试的副作用就更大了。经常发生的情况是，学生、老师和学校联合起来，通过一个好的分数来假装学生已经学会该学会的一切知识，但事实上，考完试后学生就将这些强行记忆的东西给忘掉了，只掌握了其中的一小部分，甚至一无所知。学校想要的就是优秀的应试者，这几乎是最重要的事情。这种虚假的做法对学生造成了很大的伤害。

第四，教学管理让学生时常感到恐惧和胆怯。

很多学校的教学秩序是建立在对学生恐吓、惩罚的基础上的。恐吓和惩罚足以摧毁学生的智能，影响他们观察事物的层面、思考的方式以及面对生活的态度。在这样的环境里学习和生活，即使聪明的学生也无法发挥自己的才智，因为有太多的条条框框束缚着他，他很担心自己一不小心就会出洋相。

霍特在书中讲了这样一个案例：一位曾陷于德国集中营中的人为了生存下来，采取了这样的方式——假装愚钝、傻笑和无意识地配合。战后他从集中营出来，在各地工作时，发现非洲殖民地的一些小孩、美国南方的一些人和他在集中营里表现出来的人格一样！假装表现这种人格，一方面可以取悦控制者，另一方面也能满足部分人的欲望，通过表现得更笨或更无能，拒绝控制者利用他们的才智和能力。这与学校里发生的情形不是很类似吗？

○ 教育要找寻真正的起点

首先，学校和教师要谨慎判断自己工作的性质和价值。

有人认为，教育使孩子越来越聪慧。但事实上，人本来就是会提问、会回答、会解决问题的动物。我们不用把孩子"变得"聪明，我们要做的是不要让他们变笨。

也有人认为，学校和教师做的所有事情都是在帮助学生学习。其实，很多时候，不做比做好，做了反而妨碍学生对知识的理解，降低学生的学习兴趣和对学校的依恋度。

还有人认为，课程传递给学生的是最重要的知识，学生一定要学好，才能迎接未来的挑战。但事实上，知识本身是可变的，教育最需要去做的是呵护学生那份求学的心，满足那份求知的渴望。

其次，要最大限度地在思想、言语和行动上给学生自由。

学习是学生自己的事，归根到底只有学生发挥自身的主观能动性才能够达到好的学习效果。这就要求学校：在教学管理上，学生要成为规则的制定者；在学科学习中，学生要成为知识的主动建构者；在团队活动中，学生要成为项目的设计者；在为人处世上，学生要成为德行的表率……而要实现这样的愿景，关键是要在允许的范围内最大限度地在思想、言语和行动上给学生自由。

最后，教师的主要作用是进一步激发学生求知的动力。

教师需要明白的是，自己学科的那些概念和规律本身并不重要，学生少学几个规律无关大局，重要的是书本上的这些知识是如何被人类认识、提炼的。教师要将人类孜孜以求的探索历程讲给学生听，让学生了解前人付出的努力，知道我们今天取得的成就和面临的困难，思考自己该如何站在前人的肩膀上，再向前迈出坚实的步伐。

教师在教学过程中要注意以下几点：第一，要让学生明白，在课堂上学到的所有原则和法则，都是可以用现实生活来验证的；第二，尽量让学生选择学习任务，如果学习任务是学生自己选择的，他就会去承担相关责任；第三，相信对每一个学生来说，都有一扇成长的门在虚掩着，教师的任务就是要想方设法地找到这扇门，然后温柔地将它推开。

怎样提升学生的生存能力

学会生存,是国际21世纪教育委员会向联合国教科文组织提交的报告《教育:财富蕴藏其中》中,明确提出的教育"四大支柱"之一。斋藤孝在他的《教育力》一书中提出,生存能力可以通过三项指标来衡量,分别是:模仿力、规划力和诠释力。

◯ 模仿力

所谓模仿力,是指人们通过观察别人的行为、活动来学习各种知识,然后以相同的方式做出反应的能力。模仿是包括人类在内的所有动物具备的一种重要的学习能力。孩子从出生起就开始模仿成年人的动作、表情和穿着,从字帖上模仿别人的书法等。通过模仿,孩子学会了各种生活技能,更好地了解他周围的世界,获得许多认知经验,也得到许多愉悦的情感体验。

不仅人在成长方面需要模仿学习,在工作方面也离不开模仿学习。无论你从事哪种职业,要想取得进步,基本原理都是相似的:注意观察该职业领域的高手是如何去做的,把要点记下来,并将其内化为自己的技能。当然,要形成模仿力,必须有强烈想要获取他人技能的愿望作为支撑才行。

学习的步骤,先是网罗从古至今的种种好东西,模仿、吸收;接着,再将吸收来的东西重新整合，并以自己独到的方式呈现出来。而要培养学生的模仿力，教师需要在以下几个方面做出努力。

首先，让学生通过亲身体验清楚地了解到，采取什么样的学习步骤最容易进步。要想在短暂的学习时间内尽最大可能体悟几千年世界文明的博大精深，学习的方式和路径非常重要。当学生通过模仿教师提供的学习步骤和方式，能够不断感受到自身的进步时，他对学习的热情和渴望会被大大激发。

其次，拥有挑战人生的正确态度和钻研学问的喜悦感。面对学习过程中的诸多困难，都能以挑战人生课题的态度去跨越障碍、渡过难关的人，对于他人遭遇的挫折或阻碍也比较能给予理解和同情，这自然而然地累积了当教师的本钱。在这个过程中，教师自身也会不断地被学科的魅力征服，充满着无限的喜悦感。教师对遭遇挫折或者困难的人的同理心，以及探索学问的喜悦感，会感染他的学生，促使学生也模仿教师去学习。

最后，时刻提醒自己将事物最普遍的道理通过教育教学活动传递给学生。知识最大的价值在于运用，知识的运用要从就事论事上升到就事论理、举一反三，从一次活动、一个教学内容中体悟到更具普遍意义的道理，并推演到我们的生活中。如果学生始终处在教师营造的这种学习氛围中，就会逐渐掌握在社会上立足的重要成长力。

◯ 规划力

规划力是指对工作任务进行整体分析，制订周密的工作计划，恰当、合理地配置与整合资源，以实现预期目标的能力。一个人是否具有规划力，可以通过他在完成工作时是否做到以下几点来判断。一是整体规划。即根据既定目标，对内部、外部资源进行通盘考虑，厘清各方的关系。二是做好预案。对工作实施中可能出现的突发事件做出应对的预案，将意外事件的影响最小化。三是制订计划。将目标转化成可以执行的步骤和流程，明确相应的时间节点，依次推进。四是明确轻重缓急。根据事务的重要性和紧迫程度，对现有资源进行优化和统筹，优先处理重要紧急的工作。

一个人的工作表现大约有八成取决于规划力。规划力有两个比较显著的特征：一是程序，二是可预见性。

将事情的起点和终点联结的那条线具体概念化，便是所谓的"程序"。我们要解决一种类型的问题，必须完成若干步骤的工作，这些步骤的整体就是程序。我们在平常的教学中，经常会用到这样的程序。比如，证明一道数学题，用楞次定律判断感应电流的方向，等等。如果学生在面对这些问题时，能够先将相应的程序牢记在脑海里，并根据需要随时"掏"出来重新演绎一遍，那么他解决问题的本领将会一天天增强。

我们都知道雕刻是一门艺术，但创造这门艺术的背后，很重要的一个部分就是规划力。雕塑家在没有动刀之前，就已经想好了先做什么、后干什么了。在整个雕刻的过程中，他会最大限度地利用原料的材质，创造出令人惊叹的艺术品。换句话说，雕塑家能够在工作开始之前就预料到结果，这一点非常重要！

相信大家都有这样的体会，做自己比较熟悉的事情时，即便事情可能比较繁杂，但心里还是笃定的；如果给你一项新的任务，即便这一任务并不复杂，你也会觉得心里没底，从而产生紧张感。学生的学习也是如此，一头雾水地跟着教师去学，总会忐忑不安；如果能明晰学习的计划、进程，并能预判结果，学习起来就会轻松很多。

◎ 诠释力

所谓诠释力，就是对事物的性质和特征进行解释说明的一种能力。它不需要非常严格的定义，关键是要让别人听懂、看懂，理解你说的意思。

这看起来是很显而易见的事情，其实不然。在我们的生活中，一个人讲的话别人听不明白的现象非常普遍，而且随着专业分工的不断细化，这样的现象越来越严重了。两个不同专业的人交流，经常会感到对方是在说天书，也使得很多人失去了和专业之外的人交流的乐趣。

人与人之间的交流和沟通，常因缺乏诠释力而导致中断或增加误会，错失很多合作的机会，甚至会树立不该有的敌人。要让别人听得懂、明白你的意思，需要注意以下几点。

一是文化理解。包括对不同国家文化的理解和对同一个国家中不同民族文化的理解。与这些不同文化和信仰的人交流时，首先要尊重对方的文化背景。

二是杜绝知识的神秘化。爱因斯坦可以给普通家庭妇女解释相对论，凭借的不仅仅是他拥有的高深的理论，还有他在尊重对方文化层次和背景下深入浅出的智慧和本领。

三是善于讲故事。在被评上特级教师之后，邀请我讲课的单位逐渐多了起来。我在讲课的过程中，一直在琢磨一个问题：怎样让自己所讲的内容便于对方接受和理解？后来我发现，讲故事是一个很重要的途径。我们面对的交流对象专业背景复杂，但都喜欢听故事，也善于从故事中获得一些寓意，这对教师的教学也是有一定的启发意义的。

教给学生最有用的本领

海伦娜中学有不少学生来自贫困的移民家庭,还有一些连工读学校或少管所都不肯收的问题少年。然而,从该校毕业的学生,不论是在职业生涯还是在日常生活中,都成了众人眼中的精英。校长恩雅·瑞格(Enja Riegel)通过《海伦娜的奇迹》一书,告诉大家他们是如何做到的。

◎ 多方尝试提升学生的写作能力

大家都知道阅读和写作的重要性,但司空见惯的是,说起话来一套一套的学生,一旦面对写作,就变得束手无策。

恩雅·瑞格在研究中发现,学生在书写方面出问题与下列因素有关。第一,家长的"榜样"作用。有了电话、电视之后,家长很少写字也很少看书了。第二,现代媒体的推波助澜。电视新闻、剧情的节奏很快,观众越来越难以深入体会其中的意境。第三,现代媒体让"看"取代了"读",从而成为判断的基础,阅读和书写的能力,就是在由"看"取代"读"的过程中逐渐消失的。

责怪家长、学生和媒体,都不能让学生爱上阅读和写作,为改变这种局面,海伦娜中学做了以下多方面的尝试。

将旧式的打字机带到学校,让学生将自己的作文整整齐齐地打印出来。一字一字打印文章的过程，给了学生反思、修改的机会。打印好的文章要给全班同学朗读，朗读之后的文章将通过一个仪式放在教室专用的文件夹里，一个学年结束时，所有这些故事都会被编辑成一本书。

定期写作文并不是提升学生写作能力的好办法，因为它对正确性要求太高，使本来拼写不太好的学生更泄气，更灰心。海伦娜中学让学生编写墙报、写班级日记、表演自己写的剧本、老师和学生之间通信、不同地区学校之间学生互相通信……经过一段时间之后，几乎每个学生都能摸索出一套评价文章的标准。

举办"阅读之夜"派对。让学生带着气垫床、睡袋等过夜的物品来到教室，共享晚餐之后开始朗读文章，老师先读，然后每半个小时换一个学生读，一直读到所有人都睡着为止。

让学校的图书馆成为学生读书的天堂。让学生把使用公立图书馆当成天经地义的事情。学校的目标是成为一所所有学生"阅读和写作的学校"。

○ 取消分数制

在学校，教师用分数对学生的学习状况进行评判，这是再正常不过的事情了。但分数与学生的才华、与学生未来发展之间有对等关系吗？每一门学科的尖子生，只占学生总数的15%左右，他们拼命地学习，就是为了让自己的分数保持在队伍前列，而剩下的85%的学生，他们的进步毫无指望。学生和家长无法从分数中看到学习的进步程度以及需要改进之处。

当学校决定对取消分数这个问题进行讨论时，教师们都很兴奋，希望学校当天就开会进行表决。但恩雅校长头脑很清醒，希望大家在心平气和的状态下得出结论。

几天之后的全校教学会议上，教师们的态度发生了大的转变，没有了分数，家长、学生和教师会迷惘吗？要写学生的发展报告，是否会带来更多的额外负担？简而言之，教师们还是决定保留分数制。

学生代表约翰尼斯不同意会议的决定，他认为教师们演出了一场闹剧。但在班级代表稍后举行的一次投票中，24个班级代表有21个赞成保留分数制。约翰尼斯并不气馁。他把主张保留分数制的班级代表召集起来，组织他们去参观那些已经取消了分数制的学校；他组织研讨会，邀请相关专家出席；他策划角色扮演来进行宣传；他把讨论取消分数制的专业研究报告整理、翻译成通俗易懂的文章讲给大家听……经过整整一年的努力，所有班级代表集体决定，要取消分数制。

这一决定在学校里引起了骚乱，但约翰尼斯并不罢休，他到每个班级宣讲，为每个教师安排了说客，提请全校教学会议讨论该议题。尽管他做了充分的准备，在会议上教师们还是形成了两大阵营，最终的结果是：6张无效票，16张反对票，23张赞成票，海伦娜中学将在三年的时间内在两个年级取消分数制，若试点成功，再推广到其他年级。

很多教师在接下来的三年内都经历了一个"恍然大悟"的过程。虽然没有了分数，但就像分数还在一样，学生还是一样努力，而且他们似乎想要有更优异的表现。一些考试成绩一向落后的学生，现在似乎鼓足了勇气，准备付出前所未有的努力；教师也面临新的挑战，要找出精准的语言对学生进行评价，就必须关注每一个学生的独特之处，认真、负责地和同事讨论这个学生的表现，然后才能将评价意见写下来。

◌ 精心组织社会实践活动

海伦娜中学的社会实践活动非常丰富，活动主要由两大板块组成：一是"主题教学"，二是"戏剧表演"。

海伦娜中学每学期都会举办一次主题教学。在6—8周的时间内，有10—12小时的课堂时间会花在主题教学的开展上。除此之外，学校还规定，每个班级每个星期都要抽出连续4个小时的课堂时间给学生自由学习。

在主题教学时间内，学生和教师商量确定一个学习主题，然后开展持续的探究学习。有一个班级的学生干脆将所有的主题活动和自由学习时间集中起来，用整整一周的时间住在山上，观察鸟类的生活，研究树木的生长，采集各种标本。尽管山上气候多变，蚊虫的叮咬、住宿地的潮湿让他们很不舒服，但他们还是坚持了下来，每天晚上还要写考察报告。回到学校后，他们要整理自己的报告，给各种不同的标本贴标签，写上注释的文字，还要准备举办展览，邀请家长、社区代表和同学参观……

学校每年都有四次大型的戏剧演出活动，每次活动的时间大约是四周。在这段时间内，所有参加演出的学生不必上课，不必考试，也没有作业。学校的各种规定失去作用，原则是：戏剧高于一切。通常情况下，全班的每个学生都在戏剧中承担责任，有的负责编剧，有的承担表演，有的设计舞台场景，有的制作道具……每个人都需要和别人沟通，也都需要体验不同的角色。

处于初中阶段的青少年，忙着寻找自我，往往无法自信而自觉地进入另外一个角色。他们站上舞台之前，都需要克服两重困难：一方面，他们要努力融入角色；另一方面，他们要战胜内心的恐惧。对学生来说，没有什么比上台表演考验更大的了。而正是这种角色扮演的需要，迫使他们加快了探索自我、塑造自我的步伐。

戏剧和科学是人类借以认识世界的两个最基本的形式——主观地改变自我和客观地建立知识，前者让人更富有人性，后者让人实事求是。这两者包含人类的经验、渴望、能够做和所知道的一切，这也正是人的创新素养的内核。

穷乡僻壤也可以办出好学校

大学毕业的王政忠遵照母亲的要求，开始了在台湾南投县爽文中学的教师生涯。他在《老师，你会不会回来》一书中记录了他的从教经历。这是一所怎样的中学呢？学校的正门阶梯被芒草淹没，被当地人作为垃圾填埋场；学生像野生动物，上课时可以随意地在校园的各处聊天；老师上课时总是站在教室的门口，既要防止教导主任说自己脱岗，又要在高年级的学生准备打自己的时候方便撤离……学校像一个动物园，学生不受约束，学科的基础知识和基本技能无法传授，能够考上高中的学生寥寥无几。学生之所以还会在校园出没，是因为这里有一顿免费午餐……

◯ 学校面临的困境

1999年9月21日的大地震，让整个南投县成了一片废墟，爽文中学也未能幸免，校舍基本上全部倒塌，还有几个学生在地震中失去了生命。地震成了学校面貌发生改变的重要契机。在各方的援助和支持下，爽文中学的硬件建设进展顺利，学校的环境和原来相比有了质的变化，大家都关心的一个问题是：学校的软件是否也能有一个质的改变？

学校面临的困难如山。

首先是学生。在求学的道路上，他们很少体会到成功的快乐，不愿意学习。其次是师资。因为地处穷乡僻壤，稍微有点儿"花头"的老师都不愿意到这样的学校里来，临时过来凑数的老师很难保证教学质量。最后是社区对学校漠不关心。贫困地区的人连自己的温饱都解决不了，自然不会去关心学校的发展，甚至连自己孩子受教育的状况也不大关心。

王政忠为了吸引家长来学校开家长会，曾经想了一个点子，凡是来开家长会的，每家送一桶色拉油。这一招果然奏效，来学校的家长比以前多了，但有的人是领了色拉油就走，连任课教师的面都不见⋯⋯

○ 选择改进的切入点

学校选择从生活教育入手，启动学校软件建设工程。

长期以来"野"惯了的学生，要让他们平时着装整洁，在校园里为人处世有礼数，上学和放学的时候排队进出学校⋯⋯这些无疑就像是对付孙悟空的紧箍咒，不仅学生拼命地反抗，社会青年不答应，连街上开店的老板也很有意见，学校开展的生活教育将他的很多生意给挤掉了。

一个个老师加入了坚持推进生活教育的行列中来。大家明白，家长和社区对学校的认识通常不是在学科方面，而是在孩子的生活习惯方面。孩子得体的言行，可以让家长知道学校教育的好处，可以让社区和家长对学校教育充满信心。通过震后重建，组织孩子积极参加校园建设，和各地的义工们共同劳动，感受他们的爱心等一系列的举措，孩子们的生活方式逐渐发生了变化，他们对学校和老师的认同度也慢慢地提升了。

这只是万里长征走出的第一步，接下来的工作更加艰难。

在规定的基本课程之外，为孩子们开设多元才艺课程，吸引孩子们对学校生活产生兴趣，这是老师们一直在探索的事情。经过一段时间的实践，效果非常明显，陶艺、篮球、扯铃和棒球等一系列课程在学校里开设起来，引发了孩子们极大的关注。陶艺课程让孩子们尽情地玩泥土，他们也将很多不愿表达的情感释放在了泥土中；扯铃课程更让孩子们痴迷，从单人到多人，孩子们将各种动作做得出神入化，让大家叹为观止。

仅有这些课程就够了吗？要让孩子们今后走上社会能够有足够的知

识和能力来规划自己的一生，有两样东西非常重要：基本能力和生活态度。生活教育在端正孩子的生活态度方面起到了很好的作用，多元才艺课程给孩子们提供了很多欢乐的时光，但这还不够，更为重要的是基本能力。不管哪一门学科，听说读写都是最基本的能力，要听得懂、说得出、读得会、写得来。增强孩子们的学习动力，让他们自觉自愿地在这些学科上下功夫，才是学校教育的根本任务。

基本能力需要通过知识点的落实逐步夯实，王政忠对此有非常清醒的认识。他们先从语文学科出发，依据课程标准的要求，将学习内容分解成若干单元，再细化为每周的学习任务，要求学生按时完成，并逐一进行检查。然后是英语学科的跟进，接着是阅读、写作要求的跟进……老师们从王政忠的实践中看到了希望，加入进来的老师越来越多。

用"学习护照"累积点数换奖品，并用募集来的各种物资做奖励的方式，是王政忠在反复实践中摸索出来的措施。学校的老师为学期终结开办的"跳蚤市场"捐赠了各种物品，学生可以根据自己在学校学习期间累计的点数，来换取自己想要的东西。学生发现学习可以换来心仪的物品时，不仅学习动力增强，连成绩也大幅提高。有的学生用自己积累的点数换取了家庭最需要的电饭煲、热水瓶，这让在场的家长发现，原来孩子的努力可以改变家庭的现状。累积每个当下的学习，就会拥有选择未来的能力，这下子连家长也开始关心自己孩子平时的学习情况了。

紧紧抓住基本能力和生活态度，让爽文中学的教育质量发生了翻天覆地的变化。

◌ 资源的整合与利用

教育资源的整合和利用，对处于穷乡僻壤的学校来说显得尤为关键。怎样让孩子们享受到和城里孩子相同的受教育机会？大家使出了浑身解数，一批在不同领域内有声望的代表人士不计报酬来到学校，为孩子们开设各种类型的课程；毕业之后的学生回到了校园，为自己的学弟、学妹们提供公益服务；学校的老师们更是设计了多元的课程，为孩子们提供各种机会和可能；社区的志愿者也逐渐多了起来，有的出钱，有的出力，还有的将自己的住所也贡献出来，给孩子们提供夜间学习的场所。

台湾室内丝竹乐团的张团长带着他的团队过来了。对这些从来没有接触过乐器的孩子们来说，要让他们弹奏或者吹拉出一个准确的音符是一件多么困难的事情，但富有爱心的乐团成员对孩子们始终给予微笑和鼓励。终于，孩子们做了第一次汇报演出，那动人的旋律使在场的每个人都有如听天籁般感动。

经营自己画廊的画家萧老师来了。他将自己的专长水墨和版画技艺传授给了爽文中学的每一个孩子。在他任教的那些年，孩子们在版画方面获得的奖项高得惊人，甚至有一年包揽了全县学生美术展版画类的全部奖项。在这样的课程里获得的成功经验，对处于穷乡僻壤的孩子们来说是多么的可贵和难得。

一支垒球队组建起来了。队员是爽文中学那些已经毕业的学生。他们每周六从各地返回母校，一起练习垒球技艺并参加各种比赛，这让爽文中学的教育理念得到了更长时间的延续。这些学生逐渐参与到帮助老师辅导和督促学生完成学习任务的活动中来，也给在校的学生树立了身边的榜样，传递了很多正能量。

"爽文青年军"组建起来了。这支主要由爽文中学毕业的大中专学生组成的队伍，通过各种方式来为当地的环境、教育尽心出力。他们自愿组成"净溪"的队伍，在周末时间参加环保服务；他们为爽文中学的棒球营设计整套的活动课程方案，并亲自实施这些方案，使服务社会、服务教育的理念深入每个人的心田；他们全方位地指导在校学生的学习，分享自己的体验和感悟……

其实，类似爽文中学这样的学校，在各地都不少见。如果他们可以做到，为什么我们就不能？

惠尼中学的启示

位于美国加利福尼亚州的惠尼中学在建校之初,是一个以训练简易厨艺和培训花农为主的学习中心,周边的一些公立学校将他们的学生送到这里来上选修课。校长鲍勃想在学校里开设中学教育的全套科目,遭到了其他学校的极力反对和阻挠。在非常困难的背景下,学校开始了注定要载入史册的重大变革:首先,有选择地录取有潜质的学生入校,而不是全部接收;其次,明确学校的使命是创造一个高期望、高目标的教育环境,辅之以大量一对一的辅导以及个性化教学,致力于培养所有的学生进入大学;最后,派教师到当时加州排名第一的名校,学习对方的课程和教育理念,把对方的做法"偷"过来。

就像变魔术一般,从1987年开始,惠尼中学一跃成为加州排名第一的学校,并将这一业绩一直延续到现在。

◯ 学校的办学理念

第一,给予学生高期待。每名新生在进校时,都被告知有很大的潜能,一定可以考取自己喜爱的常青藤大学。这样的一种高期待带给学生很大的动力和信心。

第二,平衡成绩好和学习好的关系。惠尼中学的教师和管理人员都面临一个难题,需要设法在不时冲突的这两件事上取得平衡。一方面要让学生真实地学习,另一方面要让学生在考试分数、高级选修科目和平均成绩上表现优秀。学校给学生树立起这样的理念:成绩好跟学习好不见得是一回事,就这么简单,而且学习好应该优先。

第三,给学生明确的使命感。把学生当成思想成熟、思虑周详的独立个体,认为他们不但能拿高分,还能做大事;让学生明确自己的使命,去担负比做功课、准时上学更大的责任;等等。

读《美国最好的中学是怎样的:让孩子成为学习高手的乐园》,你会有一个强烈的感受:这所学校的学生面临的考试和升学压力,一点儿也不比我们现在的高中小。每个人都想在美国高考的测试中考出前4%之内的高分,在毕业这一年选择4—5门最具挑战性的高级选修课程,参加一连串让人筋疲力尽的全国性测试,以便在申请大学的时候被著名大学青睐。一个毕业班的学生说:"4是个神奇的数字。我们都想得到4.0的平均成绩,我们都靠4个小时的睡眠过日子,而且,我们可能需要4大杯拿铁咖啡才能熬过一整天。"

要在这样的学校里生活6年,从七年级到十二年级,学生可能会感觉度日如年吧?爱德华·休姆斯(Edward Humes)用一年的时间在这所学校里带课、实地考察,发现情况并非如此。惠尼中学有十分独特的亲密气氛和家庭归属感。学生平时在学校里努力用功,因为他们想待在这里,他们喜欢这里。每天放学后,没有人急着冲出校门,大家都喜欢聚在一块儿,坐在走廊,跟老师说说话,多做些功课。

○ 教师的教育信念

科学教师普勒尔会将待人接物方面的很多要求融入科学学科的教学过程中。比如,到朋友家吃饭时发现一根头发要怎么做,初次见面的几条基本原则,等等。她始终认为,有些东西价值永存,不能遗忘,不论它们跟自己教的正式课程是否相符,都必须教给学生。

历史教师戴夫年复一年地引导孩子从生活里、从切身体验的事情中找到与被迫学习的历史事件之间的种种联系。他认为,课本上的历史事件对孩子来说,只是枯燥乏味、遥不可及的东西,照着课本讲历史的做法很难引发孩子的学习兴趣。他极具历史才华,总是通过一个问题将过往的历史和今天的现实有机地结合起来,将课堂演变成生动的讨论,孩子们沉浸其中,一个个欲罢不能。

不论是在中国还是在美国,美术课在以学业为主的学校里,都不太被人看重,黛比老师也遇到了类似的困境。没有购买美术材料的资金,得不到学生家长的认同,一个很有艺术潜质的学生的作品,被她的父母扔到了马路上,任由车辆碾压,目的就是让孩子断绝大学修习艺术专业的梦想。黛比老师毫不气馁,自己掏钱购买各种材料,让没有绘画基础的学生画出连自己都惊讶无比的作品,为每一个学绘画的学生提供一个"避难所",让他能在画室中获得一个小时的心灵宁静……

物理教师罗德最不愿做的事情就是教学上的重复,他决定采取一种新的方法来实施物理教学。在一个塑胶小圆桶里放上一粒胃药,倒入一点儿水,然后塞进盖子,将小圆桶放在一个PVC塑胶管中。不一会儿,随着一声爆炸,小圆桶飞起,穿过教室而去。罗德老师说:"那里面的物理知识多得不得了。我们要用六周的时间,在电脑里做一个模型,要能够计算出在不同水量、药片的条件下,小圆桶飞行的实际距离,并通过实际装置加以验证。"这些学习内容,罗德自己也没有经历过,要和学生一起做一项大家都不知道答案的探索。最后的结果令人振奋又发人深省,他一直担心学生做不出来,但80%的学生都完成得很好。几个平时学习成绩中等的学生,表现出了惊人的创造力,模型计算与实战演练的吻合度非常高,反而是几个平时学习成绩优秀的学生,最后没有完成设计。

教学生有价值的东西;给学生架设与生活、与文本沟通的桥梁,让学生在互动中体悟知识的魅力;坚守教师的职业操守,宁愿自掏腰包也要给学生提供高质量的课程,不管外界如何看待这一学科都坚守不渝;始终挑战自己,在确定性的教学、结论已知的教学内容之外,给学生提供连教师都不知道结论的深刻学习体验……这就是惠尼中学的教师带给我们的启示!

○ 接纳所有学生的学校文化

学习成绩非常优秀的学生查尔斯,有一天突然从教室里跑了出来,他的心脏跳动得异常剧烈,使他难以忍受。原来,为了让自己兴奋起来熬夜学习,他吸食了冰毒。这件事情给了学校很大的刺激,校长布洛克专门为老师们开设课程,教大家如何察觉、阻止和处理药物滥用的事件;麦克哈顿老师始终坚持对查尔斯进行心理辅导;家长积极配合帮助查尔斯戒除毒瘾,鼓励他锻炼身体。没多久,查尔斯重新返回了学校,还拿到了奖学金。

亨利的考试能力极强,但总是不能沉下心来学习,经常逃课。老师多次劝说都不见效。有一次他被逼急了,当着几个人的面,威胁要杀了劝说的老师。这下他闯了大祸,在"9·11"事件阴影未散之际,这样的话语给老师带来了威胁,因此他被开除了。亨利多次偷偷跑回学校,希望能再给他一次机会,都未获允许。几个月之后,亨利又来到了学校,在惠尼中学的升学资料中心担任起了助理。

惠尼中学是一个小学校,每个年级的学生只有约170人,因此一个学生有点儿事情是很难将保密工作做好的。令人欣慰的是,查尔斯回来后,没有人公然瞪视他,没有人交头接耳,也没有人说什么。每个学生遇到了困难后,都会从老师、同学那里获得支持。塞西莉亚同学说有一件事情在惠尼中学是可能发生的:无条件地信赖一个人,而且不会被倒打一耙。惠尼中学给了别的地方始终不曾真正给过她的一样东西,那就是接纳。

教师接纳走进自己教室的每一个学生,同学之间相互尊重和接纳,在这个每个人都拼命努力取得好成绩的学校里,这表现得非常明显。

罗恩老师的教育奇迹

"我们无力改变教育体制,却能与孩子一起创造奇迹。"以"全美最佳教师"罗恩·克拉克(Ron Clark)命名的学校的教师们,在罗恩的带领下,满怀激情地投入工作中,为大家提供了非常宝贵的教育经验。《罗恩老师的奇迹教育:点燃孩子的学习激情》一书梳理了这些教育经验。

◌ 创新无止境,快乐每一天

日复一日地坐在教室里学习,时间长了学生自然会倦怠。给校园生活不断添加一些变化的元素,让学生时时有新鲜感,感到学校的与众不同,对每天的校园生活都充满期待,是学校层面要认真思考的问题。

克拉克学校的"开学第一课"别出心裁。闪亮的金色门票——入学通知书、新生走红地毯等多种形式的活动让新生一走进校园,就感受到关爱和接纳,相信这是一个将会发生奇迹的地方。老生则分别以梦想、给予、友谊和勇气为主题,创办蓝色、黑色、红色和绿色的学院,建设自己的精神家园。

老师们会组织各种富有情趣的实践活动。比如,为困难学生布置一个新家,或布置一间适合学习的卧室;组织学生参加劳动,赚取游学的生活费;设置"回忆墙",留下学生的精彩瞬间;在卫生间里张贴整墙的明星海报;定期组织既疯狂又奇妙的各类穿越时空的主题活动……

很多意想不到的事情都会在克拉克学校里出现。比如，从二楼到一楼的管道滑行，老师站在学生课桌上讲课，师生小范围的聚餐活动，让低年级的学生学习高年级的知识，等等。每一件事情看上去都很疯狂，但实施下去后产生的效果都出奇好。

◎ 给予高期待，收获大进步

克拉克学校招收的学生背景复杂，有的学习成绩优异，有的学业水平一塌糊涂。调皮捣蛋的学生、不愿意参与到学习中来的学生、家庭问题导致心理有障碍的学生不少。面对学习能力参差不齐的学生，很多老师的做法是教给他们中等水平的内容，以便让那些"差生"能够跟上来。但罗恩在实践中发现，这样的做法会让那些成绩优异的学生在课堂上无所事事，在学校里感到无聊。

罗恩和他的团队达成共识，以最高的标准要求学生，绝不降低期待。罗恩发现，学生就如同时刻面临一场挑战，当呈现给他们的是积极的鼓舞，而且让他们感受到被鼓舞时，他们就会愿意奋力一搏。罗恩给五六年级的学生讲授八年级的代数，为了让基础很差的学生能够理解这些内容，他想了很多方法。比如，将流行歌曲的歌词改编成学习代数的口诀，让学生寓学于乐；给达到学习要求的学生以激励，激发其他同学努力争先的动力；等等。实践证明，高期待确实带来了高成就，在斯坦福成就测验中，克拉克学校五年级和六年级学生的学业水平达到了全国十年级学生的学业水平。

这种高标准、高期待的做法，很值得我们借鉴。唐太宗李世民说："取法于上，仅得乎中；取法于中，故为其下。"一些学校将自己教育质量不高的原因归结为生源质量差，其实，学校和教师对学生的期望值不高，才是问题的关键。

◎ 信任添力量，细节显功夫

苏霍姆林斯基说："教育技巧的全部奥秘就在于爱护学生。"[①] 罗恩老师也认为，作为成人，如果我们都看不到每个孩子身上的潜能，真正相信每个孩子都能学习，那么我们怎么能期望他们自己树立理想，看到自身的潜能呢？

有一个名叫乔治的学生，刚进克拉克学校初中时，阅读能力处于小学最低水平，他对阅读一点儿兴趣也没有，当然很多字词都不认识，更读不出来。罗恩每天放学之后，都将乔治留下来，给他说一个单词，让他感觉一下这个单词大致应该是什么颜色，然后就用这个颜色的彩笔来标注这个单词，让他学会在颜色和单词之间建立某种联系。为了吸引乔治对阅读产生兴趣，罗恩不惜体力，在他面前"上蹿下跳"，将各种肢体语言都用上。经过几个月不懈的努力，乔治终于能在班级里读出一段文章，这让班级同学都大吃一惊，同时也激发了他提高自己阅读水平的兴趣。

在课堂上营造相互支持、信任的氛围也很重要。罗恩上数学课，叫起一名学生回答如何求72的立方根，要是这个学生看着老师不回答，罗恩就会等待。班级里所有学生都知道这个规则，没有人会挥舞胳膊争着回答，没有人会在等待中变得烦躁而着急地望着老师。罗恩让教室里的每个学生知道，他有责任跟班级其他同学一起达到同一学习水平。如果老师快速地"跳过"他们，其实就是在向全班学生传递一个错误的信号，这会给学生混过课堂的机会，让他们降低对自己的期望。当然，当这名学生终于回答出来的时候，全班就会响起热烈的掌声，大家由衷地为他而欢呼。这样的班级氛围，激励着每一位学生都奋发努力地投入学习中，

[①] 苏霍姆林斯基. 苏霍姆林斯基选集：第4卷[M]. 赵伟，等. 译. 五卷本. 北京：教育科学出版社，2001：25.

而不会有心理负担。

信任不是停留在口头表达上的，它体现在师生关系的方方面面，是学校的一种文化。当它像血液一样流淌在每个人的心田的时候，教学工作就是一件非常快乐的事情。

◎ 家长齐参与，共聚教育力

父母是推动孩子成长至关重要的力量，教师更是孩子成长道路上的一盏灯，影响和引导他们前行的方向。在过去，教师的话是很受尊重的，父母若从教师那里听到对孩子的一些负面评价，回到家里总会把孩子批评教育一番。但在今天，情况发生了很大变化，一些家长总是想挑战学校的各种规定，怀疑教师的每个行为。这不仅是对教育体系的极大伤害，也是对孩子的不负责任。

父母总是出于本能去保护孩子，帮助孩子做一些事情。罗恩老师则告诫家长别那样做，因为家长不能保护孩子一辈子。为了让家长积极参与到学校的教育中来，形成共同推进学校质量提升的合力，克拉克学校的老师们做了很多工作。比如，帮助困难家庭改造居住的环境，让家长意识到孩子的学习和生活环境对其成长的巨大作用；将学校对学生的要求非常详细地告知家长，请他们理解学校，并支持学校做出的各项决策；将家庭作业的答案以及详细的解答过程告诉家长，让家长在检查学生作业的时候可以表现得像老师那样；要求家长每学期完成一定时间的义工任务，通过深入学校生活，理解学校工作的价值和意义……

当家长和教师互相接纳，共同形成助推学生成长的合力时，学生在学校就会得到更好的成长。

夏山学校的教育特色

《夏山学校》的作者尼尔（A.S.Neill）与妻子在1921年开办这所学校时，秉持的共同理念就是，"创造一个不是让孩子来适应学校，而是去适应孩子的学校"。尼尔情愿看到学校教出一个快乐的清洁工，也不愿看到它培养出一个神经不正常的学者。

◯ 学校的特点

学段界限宽松。夏山学校的儿童入学年龄从5岁到15岁均有，通常学生在16岁左右离开校园。学生总数通常维持在45人左右，男女生人数大体相等。学生依据年龄分成三个班，5—7岁的在小班上课，8—11岁为中班，11—15岁为大班。

学生凭意愿上课。学生可以凭自己的意愿决定是否到教室上课，不论缺课多久也不会受到责罚。学生默文，在夏山学校的10年期间，竟然没有上过一节课，这样的学生同样被学校接纳了。但选课后不去上课就会被除名，其他学生有权利把他请出教室。教室里有课程表，但这个课程表主要是给教师准备的。尼尔认为，学生应该按照他们自己的意志生活，家长与教师的过度关心和指导只会造就一些机器人。

学生充满自信。夏山学校将培养学生的自信作为首要任务。绝大多数人，在进入一个新的环境或者等待面试、即将会见一个重要的客人时，会表现得手足无措，而夏山学校培养出来的学生，出现这种状况的很少。

没有正式考试。尼尔和其他老师都相当厌恶考试，甚至认为大学入学考试应受诅咒，尽管夏山学校教出来的学生如果愿意参加大学入学考试，就常能考出令人羡慕的成绩来。夏山学校没有正式的考试，而是以轻松谈话的方式测验学生。问题一点儿也不难，学生可以自由地写出答案。

师生相互平等。在夏山学校，教师与学生同样被尊重，师生的伙食相同，教师也同样遵守学校制定的相关规则，因为学生是绝对不会忍受教职员们拥有特权的。在学校自治会上，校长、教师的一票和参会学生的一票价值是完全相同的，学生完全可以否定校长、教师的建议。

师生自治管理。尼尔认为，一个学校的学生倘若不能自治，它就不能算是一所开放而进步的学校。在夏山学校，一切有关集体和生活的事情，包括对违规者的惩罚都由星期六晚上的学校自治大会投票处理。每个学期开始时，需选出一名主席，不得连任，开完会由他指定下任主席。这种方式一直延续到学期结束。如果谁有怨言或建议，就在大会上提出。

校园一周生活内容丰富。星期一晚上，孩子们往往拿着父母给的零用钱到街上看电影；星期二晚上，教职员及年长的孩子大多到尼尔的房间聆听演讲；星期三晚上是跳舞时间，播放的音乐是从许多乐曲中精心挑选出来的，孩子们都跳得很开心；星期四晚上没有特别的节目，大孩子们都会到街上看电影；星期五安排话剧的学习；星期六晚上是学校自治会的召开日，在此会议中，孩子们讨论生活问题、学习问题及其他活动问题，讨论后做出决议并付诸实施，自治会后常会举办舞会，到了冬天则有话剧表演。

◎ 体验的价值

一个具有创造才能的人，对自己感兴趣的事情，能够无所畏惧地去探索，不达目的决不罢休。而要做到这一点，关键就是给予孩子精神的自由。

今天的孩子具备精神的自由吗？孩子还在娘胎里时，父母就给他听各种各样的胎教音乐，不管他是否喜欢；孩子生下来之后，很快就被裹在襁褓里，扎得紧紧的，无法随意动弹；乖孩子的训练工作由家长、亲戚和邻居共同完成，大人讲话的时候孩子不能插嘴，见到别人一定要有礼貌……孩子从摇篮时期开始，生命里充斥着一长串的"不"——不许吵闹，不许说谎，不许偷东西，等等。

当下孩子的课业负担过重，一个非常重要的原因是，绝大多数的学习内容和作业是教师和家长强加给孩子的，孩子自己并没有兴趣。长期在这样的环境下生存，孩子会学着去适应，结果就是放弃精神的自由，放弃体验，孩子的创造才能就这样一点点地被抹杀了。

自由的意义是，在不触犯法律和不妨碍别人自由的前提下，做你自己想做的事情，因此你能完全自律。在夏山学校，学生拥有完全的自由。正因如此，他们才能尽情体验他们自己感兴趣的事物。很多人一直玩到了十四五岁才决定要下功夫去读书、参加大学的入学考试。令人惊奇的是，这些仅认真学习了两三年的学生，在大学入学考试测试中的表现，一点儿也不比那些整天忙着做功课的学生逊色。无论是玩，还是决定参加大学入学考试，都是他们自己做出的决定，他们认真、负责地对待自己想做的每一件事情，这样的学生是多么的阳光啊！

○ 游戏的快乐

在现实生活中，如果一个孩子整天不上课，玩自己喜欢的游戏，无论是家长还是老师就会感到恐惧。只是他们忘了，自己也是从游戏中成长起来的，而且现在还时常玩游戏。游戏是培养孩子想象力的重要途径，而想象力是人的创造力的本源之一。

童年的孩子几乎都生活在幻想的世界中，他们把幻想带进现实生活中，有的时候连自己都分不清楚是处于幻想之中还是在现实之中。一个两岁左右的女孩，会告诉她妈妈她遇到"白雪公主"了，然后自顾自地和白雪公主说话，不理会妈妈的质疑；一群男孩子中的一个蒙上被单扮成鬼抓其他人，尽管大家都知道那是人扮演的，但一个个还是吓得哇哇直叫，并四处躲藏。

孩子开展的游戏活动有以下几个作用：一是丰富想象力；二是在角色扮演的过程中，体验所有的喜、怒、哀、乐，既真切又感性，认知能力会越来越强；三是增进伙伴之间的交流，包括和幻想中的朋友交流；四是获得解决问题的心理体验，并逐渐学会迁移到解决现实生活中的问题上来；五是对儿童来说，现实也同样具有无奈、无助的消极面，幻想可以帮助他们逃避现实，并宣泄情感，从而获得心理平衡；六是使孩子更加有激情，从而增进与家人和朋友间的情感互动。

在夏山学校，游戏和功课一样，都是孩子自愿的选择。绝大多数孩子都酷爱玩游戏，从年幼的孩子所做的"抓强盗"、在树上造房子游戏，到年纪大一些的孩子发展出来的有组织的游戏和运动。尼尔认为，现代文明的罪恶，是不给孩子足够的游戏时间，孩子在未变成大人以前，都已经被训练成大人了。尼尔强调，当一个小孩子没有游戏能力时，他的心已经死去。因此家长和教师要设法创造条件，让孩子能够有充足的时间进行游戏活动。不让孩子玩个够，对他们的伤害是难以估量的。

教育要走进儿童的心灵

《窗边的小豆豆》是一本自传体小说,作者黑柳彻子(也就是作品的主角小豆豆)讲述了她因为淘气、行为不符合学校规定而被学校劝退,来到新学校巴学园学习的真实故事。

○ 教育理想的践行者

巴学园是小林宗作践行自己教育理想的试验田。从小对音乐有着特别爱好和独特感受的小林就读师范学校期间深受老师的影响,对教育要尊重孩子的个性、教育要从小学开始、教育要注重知识学习和亲身实践相结合等教育主张非常赞同。后来他两次赴欧洲考察教育,了解儿童教育的整体状况,并于1937年创办了巴学园,正式开始自己的教育实践。由于日本的侵略扩张,巴学园于1945年毁于战火之中。

巴学园是一所非常独特的小学。用大树做校门,用退役的电车车厢做教室和图书馆,校长为孩子们独创韵律操和音乐课,吃饭时的"山的味道"和"海的味道"……点点滴滴之中展现着校长为孩子们的终身发展所做的思考。我在读这本书的时候,不断想起苏霍姆林斯基、马卡连柯和杜威等人。我深信,小林是一位非常具有前瞻性的教育家,尽管他的教育实践和对教育理论的思考没能完整地被记录并保留下来,但这本《窗边的小豆豆》却为他的教育理想、教育理念做了很好的诠释;我深信，一个人能够成为被世人公认的教育家，肯定不仅仅是因为他有多么高深的理论素养，还因为他有扎实的、植根于基础教育的亲身实践，苏霍姆林斯基、马卡连柯、杜威如此，小林显然也是如此；我深信，小林所做的教育实践，在提倡教育的公平和民主、提倡尊重孩子的个性发展的今天，更具有现实意义。这也许就是这部文学作品能够在全世界用30多种语言发行，拥有数千万读者的缘由吧！

○ 对传统教育观念的颠覆

传统教育中有一些比较典型的话："玉不琢，不成器""木不雕，不成材""我们要塑造……的人才"等。这些话隐含着一个非常重要的教育思想，就是人的成长和雕琢玉器、塑像一样，将普通的材料（人），不断打造成一个艺术品（有品位的人）。

在这些思想指导下的传统教育，特别强调师道尊严，认为教师就是真理的化身，是知识的代言人，学生要想成器、成才，必须根据预先设定的生长方式学习，学校的任务就是规避那些不符合预期的生长方式，把每一个学生的成长，都纳入我们预定的轨道中。这样的特点在中国的教育中表现得很明显，世界各国的教育或多或少也有这样的特点。

小林创办的巴学园，显然颠覆了这样的教育传统。学生到了教室，老师布置完一天的学习计划，下面的学习就是学生自己的事情了。你可以先学习语言，也可以先学习物理，还可以先学习音乐，一切根据学生个人当天的感受来定。教室里的座位也不是固定的，你喜欢坐在什么地方，就坐在什么地方。对于学生的好奇心和求知欲，学校总是设法创设条件给予满足。学生听说学校要新进一个电车的车厢作为教室，感到非常好奇，怎样将车厢运到学校里来呢？小林就和家长联系，让家长将衣被送到学校，让孩子们住在学校，实地观察车厢进入校园的情况。小豆豆非常单纯，看到车站边上有人在兜售树皮，说咬一下并根据自己感受的味道，就可以知道自己身体是否健康，小豆豆信以为真，向校长的女儿借钱。校长知道后并不阻拦，给了小豆豆钱，让她买了回来。小豆豆让每一个她认识的人都来咬这片树皮，大家都说没有味道，小豆豆特别高兴，认为大家都非常健康，甚至连和她做伴的小狗洛克也享受到了"咬"的待遇。虽然损失了两毛钱，但小豆豆给大家也给自己带来了健康的快乐和自信。学校举办运动会时，特别为个子矮的学生设置运动项目，让他在每项活动中都能取得成功，增强了他的自尊和自信，让其他同学对他刮目相看，同时产生出努力赶超的决心。就连运动会的奖品都是那样的独特——不同类型的蔬菜。学生将蔬菜带回家让父母烹饪，全家共同分享获奖的快乐……

　　为什么如此颠覆传统的教育能够在当时生存下来呢？作者分析说，可能和以下原因有关：这个学校总人数比较少，没有引起教育当局的重视；小林本人也非常慎重地对待各种媒体的采访，只是潜心进行教育实践。我常想：如果巴学园放在今天，能够办得下去吗？即使家长有放眼未来的眼光，他们又能接受这样的教育吗？

◎ 睿智的父母

　　小豆豆能够在巴学园健康成长，她父母的教育观念绝对不能忽视。

　　当小豆豆被第一所学校劝退的时候，小豆豆的母亲虽然心中苦恼万分，但她没有在孩子面前流露出一点儿烦恼的情绪，小豆豆直到20岁时才知道自己当初那段难堪的经历。如果她的父母在她出现问题的时候，劈头盖脸地就是一顿训斥和打骂，她还能有今天的成就吗？

　　当小豆豆和洛克玩耍时被洛克咬了耳朵、鲜血直流的时候，她父母还能够听从她的意见，不去责怪小狗洛克，让她感受到了自己的话语权。我们的很多父母呢，说不定当面就对狗来一顿痛打，并说要给孩子解恨呢！做这些事情的时候，家长是否理解孩子的心理活动呢？

　　小豆豆每天最喜欢做的一件事情，就是从别人家的篱笆墙下面钻进钻出。每次回来，外面的衣服都会被那些铁丝刮得一条一条的，衣服上补丁累累。面对这样的情况，小豆豆的母亲没有责备过小豆豆，所做的就是将每天刮破的衣服缝补好。母女关于衣服的讨论让我印象最深的就是，为什么会将里面的棉内裤也刮破？在小豆豆的解释下，她妈妈理解了她每天拱进去、退出来的过程，明白了内衣被刮破的缘由。如此而已。

…………

最重要的教育其实就是家庭教育。孩子从生下来开始，第一任教师就是父母，父母的教育思想和教育观点，决定了孩子今后成为一个什么样的人。而很多时候，为人父母者可能并不明晰该如何教育，稀里糊涂地就在爱的名义下将孩子的天性、孩子的创造力给抹杀殆尽了。

怎样重建师生关系

我曾写过一篇题为《教师应具备的几个观念》的短文，提出教师应建立的三个观念分别是：关系第一，知识第二；联系第一，记忆第二；探究第一，讲授第二。

◌ 关系的重要性

为什么将关系放在比知识更加重要的位置上？

这主要出于三方面的思考。

首先，人的一切活动都离不开关系。人生在世总是不断地做两个方面的探索：一个是持续不断地探索外部世界，另一个是持续不断地探索内心世界。不管是向内探索还是向外探索，我们都要不断地建立并丰富自己与内心世界、自己与外部世界之间的联系。人总是生活在由自己、他人以及世界建构起来的关系之中的。

其次，学习是从对关系的认同开始的。如果一个学生在课堂上既看不到学习的目的，也不相信自己能够成功，或者他对教师、对课程抱有负面情绪的话，那么他是不可能有学习动力的。

最后，各种关系和谐时，学习才能自发进行。每个成长中的个体总是在各种关系的海洋中遨游的。亲子关系、师生关系、生生关系、学生和社会的关系、学生和自然的关系、学生和世界的关系等，共同构成了这个"关系之海"。"海水"的质量，决定了在其中生活的"鱼儿"的健康状况。和谐的关系总是建立在无条件的相互平等的基础之上的。各方可能在年龄、心智和体力等诸多方面存在巨大的差异，但彼此之间的吸引力却是相同的，就像牛顿第三定律所说的"相互作用的两个物体之间的作用力等于反作用力"。在这样的氛围中，人人都能相互尊重，学生能够在这种自然的关系中自主学习到生存需要的一切，而不需要额外增加教育的尝试。

○ 不容乐观的现实

大多数的家长和教师，没能和孩子建立和谐的亲子关系和师生关系。成年人的威权意识根深蒂固，将自己的意志强加给孩子的情形屡屡出现。孩子从小开始就不断地接受家长和老师的各种安排，并被告知不能越雷池一步。孩子和家长、老师之间很难沟通，家长和老师也很难了解孩子的思想变化、心理状态。

今天的社会是一个充满竞争的社会，竞争的气氛在校园里也非常普遍地存在。学生和学生之间、老师和老师之间、学校和学校之间，因为竞争的氛围和压力，产生了戒备和抵触心理，这也给各种关系的建构带来了阻碍。

学习是否有成效，关键在于能否学以致用，能否在理论知识和现实生活之间建立联系。但这种联系在学校里是被割裂的。举一个事例来说，学校里组织的各种类型的考试和测验，基本上都是闭卷形式，这样的制度设计有一个基本的假设，就是记住知识比查询到知识要好！但在现实生活中很难找到这样的工作。如果建设桥梁、高楼和制造飞机的工程师都是凭借记忆来进行设计，而不去利用各种手册和资料的话，估计就没人敢采用他们的产品。

各种关系的失衡导致了一系列的教育问题频出：如学生出现焦虑甚至抑郁的心理倾向，产生逆反心理，学习的自信心和动力机制不足，对学科学习缺乏兴趣，对教师和学校的认同度低，师生关系以及亲子关系紧张，等等。

我们常说当下的经济要转型发展，其实教育也面临转型问题，要从分数至上的教育转为为学生健康成长奠基的教育。教育转型的抓手是什么？就是对各种关系的修复，重建和谐的、绿色生态的"关系之海"。

在所有的关系中，师生关系显得尤为重要。

一方面，学生在求学期间接触最多的人就是教师，师生关系的好坏直接影响到学生的学习质量；另一方面，在教育的各种关系中，师生关系具有牵一发而动全身的作用，师生关系和谐、有序，能够促使其他关系也趋于动态平衡的状态。

○ 重建关系的几个抓手

只有把重建师生关系的工作具体化，变成一个个可以在实践中去探索的抓手，重建师生关系的工作才有可能落到实处。史金霞老师为此提炼出"爱""理解""对话""尊重"等若干个关键词，这就是重建师生关系过程中需要着力去实践的抓手。不仅如此，在《重建师生关系》一书中，她还给出了丰富的实践案例，告诉大家如何去重建。

在师生关系和亲子关系中，经常存在两种扭曲的爱。一是受宠爱。孩子被动地接受多于主动地施与，双方在爱的力量上不是一种平衡关系。二是做可爱状。为了满足父母或者教师的要求，博得他们的欢心，孩子往往宁愿牺牲自我，在父母或者教师的面前做可爱状。

"理解"这个词，我们每天都挂在嘴上，但真正做到却很难。孩子很难理解教师，因为孩子没有教师的生活经历，即使想换位思考，也很难给自己定好位；教师也很难理解孩子，因为教师经常忘记，自己也曾经是个孩子。要理解一个人，需要不断地修炼、真诚地建构相互之间的关系才有可能。

要促进师生互相理解。善于倾听，是理解对方的前提。很多时候，师生在交谈的过程中，学生常常一句话还没有说完，就被教师打断了，导致教师不知道学生其实表达的并非这个意思。

人和人之间的交谈，大体上有四种类型：一是"聊"，没有目的，海阔天空；二是"辩"，通过辩论证明谁对谁错；三是"商"，不计较对错，相互妥协，相互让步，达到一个折中的结果；四是"谈"，它关心的是真正的真理所在，不存在对真理的折中和妥协。对话指的就是"谈"。要对话，你就必须对他人抱着"绝对尊重"的态度，发自内心地尊重他作为一个人的本质价值。对话有两个核心概念：关系和理解。二者是认识对话的基础，也是对话的力量所在。

而尊重就体现在爱、理解和对话等所有环节之中。

○ 给教师的三点建议

时代在变，社会在变，教育面临的突出问题也在变。这既给教育带来了巨大的挑战，也带来了重建师生关系的契机。

首先，明确探索路径。师生关系涉及的面很广，不能眉毛胡子一把抓。史金霞老师提出了上述实践操作点，教师自己也可以找寻影响师生关系的其他操作点，选择其中自己最有心得的，或者师生关系中问题最大的某个实践点切入进来，重建师生关系。

其次，建立信任机制。信任是构建师生关系的基础。有了信任，教师和学生才能够敞开心扉，就大家共同关心的问题进行研究和探索，才能够奉献出各自的真知灼见；有了相互信任的环境，才会有各种不同观点的碰撞，才会促成新思想的形成，才会有师生的共同成长。

最后，保持适当距离。教师和学生保持一定的距离，是重建师生关系时必须注意的一点。没有距离，往往分不清你和我；距离太远，往往看不清你和我。教师和学生各自承担的任务不同，只有保持适当的距离，才能够维持"我—你"的关系形态，既能互不干扰又能互相激励，共同发展。

学校教育要关注的三个方面

语文特级教师高万祥在即将退休之际，对其教育生涯做了认真的回忆和思考，给我们讲述了一个个精彩的故事，将其汇聚成了《学校里没有讲的教育》一书。高万祥在书中强调学校教育要关注以下三个方面，值得我们深思。

○ 阅读习惯

如果你留意那些在科学、思想和哲学等方面人才辈出的国家，就会发现一个共同的现象，那就是这些国家的国民都非常重视阅读。阅读的重要性，无论怎样强调都不过分。博尔赫斯（Jorges Luis Borges）说，如果有天堂，天堂应该是图书馆的模样。

培养学生的阅读习惯，是学校教育的首要任务。高万祥说，人类最优美的姿态就是阅读，人类生活中一切的丑陋都和这个姿态的缺失有关。没有真正的阅读就没有教育。教育的所有问题都可以归结为阅读的问题，教育的竞争从根本上说就是阅读的竞争。如果以学校是否培养了学生的阅读习惯来衡量学校教育的成效，很显然，有相当多的学校教育就是失败的。虽然这些学校拥有宽敞的图书馆，也有符合国家标准的图书配置，但学生在图书馆里逗留的时间很短，每周借阅图书的次数更是少得可怜。一个连学生阅读习惯的培养都不重视的学校，很难说是一所以学生发展为本的学校。

高万祥认为，真正的读书人一定具备以下特征：第一，爱读书，爱经典阅读；第二，把读书作为生活方式，而且因为爱读书改变了生活方式；第三，具有圣贤精神、家国情怀和社会责任心。

高万祥将阅读划分为四个不同的层次：一是功利阅读，这是一种为了生存需要而进行的阅读；二是休闲阅读；三是低度阅读，即人们常说的"浅阅读"，如读一些短小精悍的文章，等等；四是经典阅读，针对千百年来积淀下来的经典作品的深度阅读，这是一种影响我们心灵和精神的阅读。这四种阅读都有其存在的价值，但真正对人的精神成长有重要作用的阅读，是经典阅读。艾德勒（Mortimer J.Adler）等人撰写的《如何阅读一本书》将经典阅读划分出了四个不同的阅读层次，分别是基础阅读、检视阅读、分析阅读和主题阅读，并给出了具体的阅读指导，这样的指导对提升经典阅读的水平有极大的帮助，有兴趣的读者可以找来读一读。

没有阅读特别是没有经典阅读的语文老师，就没有真正的语文底气。阅读对教师为什么重要？高万祥给出了三点理由：第一，阅读能让教师拥有思想，而知识分子的全部社会尊严和社会价值就在于拥有思想；第二，阅读能让教师获得更多的爱心、良心和责任心；第三，阅读能让教师收获诗意和创造情怀，优秀的教师一定需要纯真、诗意和梦想。

不会写作的语文教师，他的职业竞争力就减弱了一半。能不能写作，也许是一个教育家和一个教书匠的根本区别。高万祥倡导教师特别是语文教师要进行以下三种写作。一是像写情书那样写日记、随笔。无论是苏霍姆林斯基，还是当今的很多教育名家，都是在坚持不懈地撰写教育随笔的过程中，不断提升自己对教育的认识，逐渐成名的。二是原创教案，这是教师每天都在进行的创作，也是教师专业成长的真实记录。三是文学和学术写作，这为教师在教学实践和教育理论之间架设了一座桥梁。

◯ 满腔热忱

爱默生（Ralph Emerson）说，有史以来，任何一项伟大的事业，没有不是因为热忱而成功的。热忱是我们追求幸福必备的核心精神。朱永新倡导的新教育实验，能够持之以恒地坚持多年，参与实验的地区和学校日渐增多；朱永新坚持不懈地推广阅读，屡屡提交阅读立法的提案和建议，让全社会越来越重视阅读，就是因为他对教育事业的满腔热忱，以及对教育优先发展的清晰认识。

热忱是一种素质，是一种性格，是一种积极的心理状态，是对认准的事情坚持不懈地去追求。古时候，长颈鹿的脖子并不像现在这样长，而是有长有短。在干旱的年代，贫瘠的土地缺食少粮，那些竭尽所能，努力支起前蹄，伸长脖子去够树梢上的嫩叶果腹的长颈鹿幸运地生存了下来。它们对生命充满了渴望，对生命充满了坚持，为求生付出了努力。它们的脖子也在经过了无数次的、一代代的进化之后变成了现在的模样。绝大多数教师在刚参加工作的时候，差距是不明显的，但工作一段时间之后，彼此之间的差距就大了起来，其中很重要的原因就是，是否对教育怀有满腔热忱，是否具有积极的心理状态。

热忱是一股强大的力量，热忱是行动的动力。它可以和信心一起帮助人勇于面对挫折、失败、痛苦和逆境。一个充满热忱的人，不管他从事什么工作，都会认为自己的工作是一项神圣的事业，并有着浓厚的工作兴趣；不论工作有多么艰辛，历经多少磨难，或者需要多少训练，都会用一种不急不躁的态度去认真执行。只有当教师自己对教育事业充满热忱时，学生才能感受到这份力量，并激励自己勇敢面对生活和学习上的各种挑战。

◯ 人文关怀

教育是关乎人的事业，是创造幸福人生的事业，教育的根本使命是人文关怀和人文传承。高万祥认为，人文就是人心，人文关怀就是人心关怀，人的善良心、同情心、羞耻心、责任心和爱国心……这些都应该是教育的内容和目的。

怎样让学校充满人文关怀呢？高万祥建议学校可以从以下几个方面做出努力。一是建设书香校园，让阅读去滋养每个人的心田。二是让学校成为大爱的天堂。美国教师雷夫的教育实践之所以引发众多教师的共鸣，一个很重要的原因就是，他是真心地热爱教育，真心地爱着每一个学生。李连杰说，世界上最强大的武功，或者说武功的最高境界是友爱和微笑。这句话套用在教育上，也是非常妥帖的。三是将道德关怀和人格培养作为教育的基础。人格教育是教育的伟大工程和根本追求，但具体过程却是细小的甚至是简单的，渗透在吃饭、行走等一系列日常生活的琐事中。四是教师对教育有热情和信仰。斯普朗格（Eduard Spranger）说，教育的最终目的不是传授已有的东西，而是要把人的创造力量诱导出来，将生命感、价值感唤醒。教师的热情和信仰，正是学生创造力量的助推器。

费尔巴哈（Ludwig Andreas Feuerbach）说，人的第一责任便是使自己幸福，一个能使自己幸福的人，也能使别人幸福。高万祥就是这样一个幸福的人。每天给母亲打一个电话，在嘘寒问暖之间感受家庭的幸福和温暖；坚持向专家学者、身边的每一位教师和学生学习，将他人点点滴滴的成果和经验汇聚成自己行走的力量；始终不渝地推进经典阅读，让书香充盈校园的每一个角落，丰富师生的精神世界；跑遍了祖国大江南北，向热爱教育的人传递自己的教育信念，分享教育实践的智慧……一个幸福的教师，一定有一个明确的可以为人为己带来快乐和意义的目标，然后努力去追求。

这才是教育应该做的事情，这才是我们应该拥有的教育视野！

在自我变革中成就每一个学生

创设面向个体的教育,让每个孩子成长为最好的自己,首先要从学校组织的变革、校长和教师观念的革新做起。读李希贵的《面向个体的教育》一书,你会深刻地体会到,遵循教育规律和学生身心成长规律,是学校成功、师生成长的关键。

◎ 为学生创造选择的机会

综观世界各国的高中课程改革,不难发现"选择"是其最基本的特征之一。教育的根本目的是让每个人的个性得到充分自由的发展,而自由的前提就是选择。学生正是在选择中学会享受自由,学会承担责任,养成独立人格。信息社会为人类带来了前所未有的机遇和挑战,不断选择已经成为人们的生活方式之一,而高中阶段又是一个人走向社会之前的关键时期,培养学生在复杂情境中的应对能力,提升他们在社会生活中的技能,是教育中比学习知识更加重要的任务和目的。

选择需要时空。如果学生每天的课表排得满满的,让他们做出选择就是不大可能的。课程的着眼点,应该是个体认识的独特性和经验的自我建构,其前提是对学生认知特点、学段特征的充分了解,以及在此基础上设计出来的多元课程体系。北京十一学校将基础型课程依据学科特点设置了相关的层级,同时给学生开设了丰富多彩的校本课程,建设了众多的学科教室，从而为学生的自主选择提供了条件。

选择需要机会。校园生活的每一项内容都充满教育机会，包括那些充满个性的美丽的错误。教育者要意识到这些机会的价值，并让其发挥应有的教育作用，学校生活才会更加富有意义。十一学校注意到学生在校园生活、社会生活中扮演的不同角色，给每一个学生提供选择课程的机会，让学生自己来处理学习和生活中遇到的困难和问题……当教育的机会遍布校园时，学生健康成长的生态环境也就建构起来了。

选择需要基础。选择并非放任自流。立德树人的根本任务、国家课程的底线要求、现实生活的真实情境、对爱好特长的精心呵护，都是鼓励学生做出选择的基础。这需要学校和教师对教育方针有清晰的认识，熟悉学科的课程标准，能借助教育学和心理学的原理分析、研究学生的实际情况，帮助学生找准选择之路。

○ 构建和谐的校园关系

人是社会关系的总和，关系对人的成长具有重要意义。一方面，人总是在与他人的互动中，明确自己的位置；另一方面，只有在和谐的关系下，学习才能够高效率、高水平地发生。

亲密的同伴关系是学生留恋学校的要素。很多学生尽管对现有的课程学习内容并不是非常感兴趣，但还是愿意到学校去，其原因就是有同伴。一批志同道合的朋友和同伴，是学习生涯中最值得回味的。学校，应该成为学生寻找同伴的地方。十一学校的分层教学和走班上课，打破了传统意义上的行政班级，为学生个性发展提供了机会，更满足了学生选择志同道合的学习同伴的需求。学校鼓励和支持学生的各种社团，让具有相同爱好、志趣的人有机会在一起发展自己的特长，这也成为帮助学生寻找同伴的重要方式。

良好的师生关系是学生喜欢学习的关键。爱、理解、尊重……说起来容易，要将它们落到实处还是很不容易的。就拿爱来说吧，真正的爱，是一种双方互相施与的"势均力衡"的状态。只有真正富有爱心并具备良好师德的老师才能被学生喜欢。只有学生认为自己和老师的关系很好时，师生关系才是真实、良好的，也只有在如此的状态下，真正的教育才会发生。

平等关系，是师生校园生活的基础，但在校园生活中却很难做到。当教师对课程具有无可争议的主导权，学生只能被动地根据教师的安排来学习的时候，平等就是空话。尊重学生和教师的想法，让这些想法在校园里到处生长，赋予他们平等对待校园问题的权利，是构建和谐校园的前提。

○ 打造新型的管理结构

深化高中教育课程改革，突出课程的可选择性，并为学生创设多样化的选择机会，需要率先在学校管理体系和管理方式上进行变革。

再造管理组织结构体系。传统的学校管理结构具有鲜明的层级性，决策层做出的每一项决定，通过一级级传递，会一次次衰减，等到达具体实施的教师和学生这一层面，已经面目全非了。再造学校管理组织结构，向管理要效益，十一学校为我们做出了很好的示范。他们以扁平化作为组织再造的目标，让课程的建设与开发处于技术结构的中心，年级组和教研组成为管理的主体，并注重激发每一名教职工本身固有的内在特质，发现他们的潜能并让其充分发挥，这成为学校管理的着力点。

避免"一刀切"的管理方式。既要努力在校园里营造百花齐放的教育生态，也要允许有些"花"到了秋季甚至冬季再绽放；既要鼓励一些教师在课程教学改革方面领跑全校，也要容忍部分教师处在落后的状态。

善于发挥评价、激励的作用。很长一段时间以来，我们的管理比较重视提要求，却忽视评价，没有很好地发挥评价的作用。在一些需要对教师进行评价的场合，又常常因为评价的措施使用不当，让大家感到无所适从。十一学校在评价工作方面，有很多做法值得我们学习。比如，他们对教师的评价，不是将各种因素做简单的加法，用一个总分来呈现，而是分类给出评选结果，让大家看到哪些是自己的强项，哪些地方还需要进一步完善。再比如，他们将评价聚焦于团队建设而不是教师个体，因为他们意识到只有评价团队才能让教师形成团队。还比如，他们设立层级聘任的方式，让聘任成为最好的评价，等等。

  我特别赞同李希贵说的这句话：一般的管理者，都在用绝大部分时间研究如何管理别人，而智慧的领导者往往会拿出相当的精力，谋划管理自我。只有改变自己，才能改变别人；只有领导改变，一个组织才有可能改变。

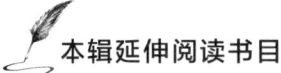 本辑延伸阅读书目

1. 范胜武. 重构学校文化 [M]. 上海：上海教育出版社，2018.

2. 李一诺. 学校是比家大一点的地方：一土老师写给家长的 105 封信（上、下）[M]. 北京：中信出版社，2020.

3. 李雅卿. 种籽学苑教育手记 [M]. 北京：首都师范大学出版社，2016.

4. 戴安娜. 没有围墙的学校 [M]. 南京：江苏凤凰科学技术出版社，2016.

5. 赵桂霞. 建设一所新学校 [M]. 北京：教育科学出版社，2014.

6. 亚瑟·克里斯托弗·本森. 为师之道：英国伊顿公学校长论教育 [M]. 修订版. 张宏佳，迟文成，译. 哈尔滨：黑龙江教育出版社，2016.

7. 陈玉琨. 卓越校长的追求：陈玉琨教育评论集 [M]. 上海：华东师范大学出版社，2012.

8. 西奥多·J. 科瓦尔斯基. 教育管理案例研究 [M]. 邱超，译. 5 版. 北京：中国人民大学出版社，2013.

9. 万玮. 学校管理的本质 [M]. 上海：上海教育出版社，2019.

10. 李希贵. 新学校十讲 [M]. 北京：教育科学出版社，2013.

11. 刘铁芳. 什么是好的教育：学校教育的哲学阐释 [M]. 北京：高等教育出版社，2014.

12. 黛博拉·肯尼. 奇迹学校：震撼美国教育界的教学传奇 [M]. 黄程雅淑，译. 北京：中国青年出版社，2015.

13. 张向众，叶澜. "新基础教育"研究手册 [M]. 福州：福建教育出版社，2015.

14. 柳袁照. 教育是什么：一所学校的百年故事 [M]. 北京：教育科学出版社，2014.

第四辑

理论即支点

为了孩子的自我发展

怀特海（Alfred Whitehead）是英国著名的数学家、逻辑学家、哲学家和教育理论家。《教育的目的》是他的教育代表作。该书以智力教育为主线，论述了教育的目的、教育过程中应把握的节奏、自由与纪律的关系、技术教育及其与科学和文学的关系、古典课程与现代课程的协调、数学课程以及大学的教育管理。这些深刻的思考和独到的见解对英国乃至整个西方国家的教育产生了重大的影响。

◯ 教育的目的

教育的目的是什么？怀特海认为，孩子是有血有肉的人，教育的目的是激发和引导他们自我发展，让孩子感受到发现世界的喜悦，让孩子发现学到的东西能够帮助自己理解生命中发生的一系列事情。

怀特海反复强调，不能加以利用的知识是有害的；只有那些能够和人类的感知、情感、欲望、希望，以及能够和调节思想的精神活动联系起来的知识，才是有价值的。这要求我们在教育活动中关注以下几点。

第一，重视教育的两条戒律：不可同时教授太多的科目，所教科目务必透彻。同时教授大量的科目，每个科目都只能蜻蜓点水，只能造成知识的堆砌，不能激起任何思想的火花。学校课程的教学内容，只是人类浩瀚文化宝库中的沧海一粟，我们不应该将目光放在科目的数量上，而应该通过对学习内容的深刻理解，让学生借助树木来认识森林。

第二，知识唯一的用途就是武装我们的现在。春秋、战国时期的诸子百家，并不比人民教育家陶行知离我们更为久远。我们和这些先贤的交流是一种伟大且令人激情迸发的集会，但这种集会只能在当下进行。因为当下既联系着过去，又包含着未来。教育的一个最为重要的主题，就是当下多姿多彩的生活。所有的智力活动，必须和当下的生活实际相联系，以引导学生关注日常生活，学以致用。

第三，学习的第一目标不是知识本身，而是获取知识的方法。学校里教授的知识都是二手货，甚至是三手货。一切学问都是从生活中来的，是从对自然和社会的观察中归纳出来的。而如何归纳，书本上通常是不讲的。学生学了别人归纳出来的二手货，未必懂得这些知识和原始的观察有什么关系。因此，在学习的过程中，要以这些知识为载体，告诉学生如何观察世界，如何整理观察得到的素材，如何通过分析和比较抽象出规律性的知识，甚至如何去创造知识。

第四，先易后难并不是解决问题的有效方法。人们常常认为，较容易的应该先学，较难的放在后面学习，这种观点是不对的。怀特海认为，有些最难的科目应该先学习，因为人的先天秉性如此，同时也是人生存所需要的。比如说，幼儿的第一个智力任务就是学习和掌握口语，将声音和意义对应起来，并对它们进行分析。在掌握了口语之后，幼儿学习的第二个任务是书面语，要将声音、意义和字形联系起来，这也是非常艰难的工作，但孩子们完成得非常顺利。

同样，学科学习的顺序，也是一个值得探讨的问题。很多人以为，只有学习了整数，才能学习分数；只有学会了阅读，才能去读《哈姆雷特》或者《奥德赛》。但如果稍加思考就会发现，在很长的一段时间里，大多数的儿童和成年人并没有阅读的技能，却能够聆听妈妈讲述或者自己吟唱荷马的史诗。

◯ 智力发展的节奏

自然是有节奏的，智力发展也是有节奏的。如果为孩子们建立有规律的外部节奏，那么一种内在的节奏也会在他们体内形成。

怀特海将智力发展的过程划分为三个阶段：浪漫阶段、精确阶段和综合运用阶段。无论是一节课的教学，还是一个学段的教育，都应该是上述三个阶段周期性的重复。

孩子最为成功的智力发展周期是从出生到上学前的这一阶段。幼儿最初的浪漫阶段体验，是他开始了解物体以及物体之间的联系，努力把自己的身体行为和心理感知完美地协调起来的体验。幼儿精确阶段的第一步，就是掌握口语，使其成为交流的工具，来对他自己感兴趣的事物进行分类，并加强自己与他人的情感联系。他的综合运用阶段的第一步，就是以语言为一种媒介，来对物体进行分类，并扩大对客体的欣赏。

在此周期内，孩子基本上是自我发展的。他对感兴趣的事情展现出长时间的专注，不厌其烦地进行探索和操练，一次次地感受成功带来的快乐，直到自己感到完全掌握为止。这实际上就是智力发展的过程。

遗憾的是，随着教育的介入，大多数孩子在后续学习中获得的成就都没有超过在第一个周期中的成就。为什么会这样？怀特海认为，这是因为我们给孩子们设定的学习任务是在非自然的状态下出现的，没有节奏，没有中间阶段的成功带来的鼓励，也没有专注集中。一系列缺乏节奏的知识碎片充斥在各门科目中，孩子们在学习这些知识的过程中，很难在心灵中纺织出一种和谐的图案，也无法在合适的季节收获合适的作物；不同科目之间的相互竞争，使得孩子们不能安心于自己感兴趣的事物，在学习的过程中缺少了专注和集中；在教育的过程中，我们没有找到一个合适的发展周期，让孩子们经历浪漫、精确和综合运用的发展阶段，去感受完全成功带来的快乐。

需要注意的是，在孩子成长的过程中，浪漫、精确和综合运用的发展阶段呈现出多样性和复杂性的特点。在一个大的发展周期中，有很多小的发展周期并存。

怀特海认为,当幼儿发展的循环结束之后,紧接着的一个发展是青春期的循环。这个循环从孩子入学开始,一直持续到高中毕业。青春期的浪漫阶段到12—13岁结束,孩子在这个阶段表现出来的东西决定了他将来的生活如何被理想和想象塑造和丰富。随着浪漫阶段临近尾声,精确阶段到来了,语言成为孩子专注性学习的主要内容,其他科目在此期间处于次要地位。也就是说,在这个阶段,孩子进入了科学的浪漫阶段,有关科学的训练都应该从研究开始,以研究结束,自始至终把握自然发生的事实材料。到15岁的时候,语言的精确阶段和科学的浪漫阶段进入了尾声,随之而来的是语言的综合运用阶段和科学的精确阶段。这个时期要集中注意力来进行科学方面的学习,而相对减少对语言学课程的关注。对科学知识的学习来说,精确阶段会一直延续到中学结束。

◌ 大学存在的理由

大学是实施教育的机构,也是进行研究的机构。怀特海认为,大学存在的理由,是把年轻人和老年人联合在一起,对学术展开充满想象力的探索,从而在知识和生命热情之间架起桥梁。

大学的责任,是将想象力和经验完美地结合起来。我们的祖先将知识比喻成一个代代相传的火炬,这个点燃的火炬其实就是想象力。大学的全部艺术,就是供应一支用想象力点燃学问的教师队伍。

想象力和知识的融合通常需要一些闲暇,需要摆脱束缚之后的自由,需要从烦恼中解脱出来,需要各种不同的经历,需要其他智者不同观点和不同才识的激发,还需要强烈的求知欲以及自信心,这种自信心来自周围社会因在获得知识进步方面取得的成就而产生的自豪感。

怀特海认为不能让知识僵化,而要让它生动、活泼起来——这是所有教育的核心问题。让我们一起为此努力吧!

儿童是成人之父

蒙台梭利（Maria Montessori）认为，"儿童是成人之父"，成年人在教育儿童之前，首先要让自己回到童年，努力站在儿童的角度去理解、尊重儿童，根据儿童身心发展的规律，为儿童实现自身的潜能提供所需的帮助。

○ 成年人与儿童

在成年人的眼中，儿童处于怎样的地位呢？

在当下，儿童除了待在狭窄的居所里，外部世界有多大的活动空间？刚出生不久的孩子，是让他自由地生长，还是用襁褓紧紧包裹起来？每天为工作而忙碌的父母，有多少时间能够陪伴自己的孩子？我们会想着给新生儿买一些鲜艳的物品或者玩具来吸引他的注意力，但是否想过绝大多数时间他只能仰面看着没有任何色泽的天花板呢？孩子想坐在地板上或者爬到门口的时候，经常被成年人拎起来放到自己的膝盖上或者抱在怀里，为的是避免孩子将衣服弄脏或者受到伤害，但成年人是否考虑过孩子自己的想法呢？成年人的生活环境中，有很多儿童禁止进入或者触摸之处，儿童一旦越界就会受到大人严厉的斥责……

从某种意义上说，有相当多的成年人，虽然口头上是很爱孩子的，但在行动中并没有给孩子准备好一个适宜的环境。成年人并没有像尊重其他成年人一样去尊重儿童、理解儿童的内在需求，有时，儿童还成为成年人暴虐本性的牺牲品。

童年构成了人一生中最为重要的一部分，蒙台梭利提醒我们：成年人的幸福是与他儿童时期的生活紧密相连的。成年人的生活方式实际上在他很小的时候就被确定下来了。一个人的个性特征就是在他童年心灵的敏感期和秘密时期形成的。

我们对儿童还很缺乏了解。儿童的世界中隐藏着某些至关重要的秘密，这些秘密能够揭开人类心灵的面纱；儿童的精神世界中蕴含着某种力量，一旦被发现，就能帮助成年人解决他们个人的和社会的一些问题。从这个意义上看，认识儿童，其实就是在认识我们自己，"儿童是成人之父"，还是很有道理的。

◎ 儿童敏感期

在探讨心理的发展时，蒙台梭利提到了她的一个重要发现，那就是儿童的敏感期。它是一种灵光乍现的禀性，只在获得某种特性时闪现出来，一旦它获得了这种特性之后，其敏感性就会消失。处于敏感期意味着儿童具有积极的接受、交流和创造性的官能。她还分析了有关敏感期出现的时间和特点，读来启发多多。

令我感触最深的是蒙台梭利提到的秩序的敏感期。蒙台梭利认为，儿童对秩序具有天然的敏感。如果这种秩序被打乱，可能就会引起他心理上的不安。有条理地将物品放在固定的地方，被认为是成年人的美德，而事实上，人在童年时期，原本就有这样的天性，反而是成年人自己并未保持这样的习惯，更喜欢随意丢弃物品。

儿童对秩序的敏感可以追溯到刚出生的第一个月。当他看到有东西被放置在应该放置的位置上时，就会表现出高兴和满足的样子。一个六个月大的孩子，看到有人进入房间之后将一把雨伞放到了桌子上，就立刻变得不安并尖叫起来，来人还以为孩子喜欢这把伞，并将它拿到孩子跟前，孩子尖叫的声音更响了。当把雨伞拿走放到室外之后，孩子很快平息了下来。这就是儿童对秩序敏感的一个事例。一件东西放错了地方，会严重地打乱孩子放物有序的记忆方式，给他带来内心的不安。

蒙台梭利在她自己创办的"儿童之家"中也发现，当一件物品放错了位置的时候，儿童会最先发现并把它放回原处，而成年人往往缺乏这样的敏感。秩序感是孩子生命中的需要，是孩子为自己找寻安定的生存空间的内在要求。当这种需要得到满足的时候，孩子就会产生真正的快乐。

还有一件事情也是成年人觉得不可思议的，那就是捉迷藏游戏。一个孩子掀起桌布藏到桌子底下，一群孩子看着他钻进去之后走出房间，然后再进来掀起桌布，当看到藏在桌下的同伴后，会高兴得大声欢呼。接着另一个人再钻到桌下，重复刚才的游戏，一个个乐此不疲。如果有一个小伙伴另辟蹊径，藏到了其他家具的后面，这群孩子就会装作没有看见，继续在桌子周围寻找。直到这个孩子自己站出来说："我在这儿呢！"这种看似荒诞的游戏背后，其实反映的就是秩序感。在孩子生命的某个阶段，快乐就是在一个熟悉的地方找到他们认为应该存放在那里的东西。

秩序感有助于我们工作和生活的和谐，对孩子来说也是如此。孩子会因为成年人尊重他的秩序敏感性而找到内心的安宁。

◯ 创造性工作

教育家黄武雄认为，人在这个世界上的原始志趣有三个，分别是维生、互动和创造。大自然促使人类依靠自己来创造某些东西，来表明自己的存在。创造并非成年人的专利，人从出生开始就已经具备创造能力了。而且从某种意义上说，在人的一生中，儿童时期是创造力最为强盛的时期，如果不加呵护，随着儿童逐渐长大成人，他的创造潜力就会逐渐走向枯竭。

在《童年的秘密》一书中，蒙台梭利特别提出了儿童的这种生机勃勃的"工作本能"，儿童渴望通过工作来构造自己，没有工作儿童就不能形成自己的人格，不能塑造自我。儿童进行的一切创造性活动的目的只有一个，那就是长大成人。

儿童喜欢重复性地进行某项操作。对于他们喜欢的工作，他们会十分专注地、安静地、反复地进行。很有可能有些操作对成年人来说是没有意义的，或者是好笑的。比如，反复给一个瓶子盖上盖子又打开，但儿童正是在这种反复的操作中获得他自身的发展。他之所以专注地反复进行，是因为在每一次的练习中都可能存在着让他感到不满意以及还可以改进的地方。比如，对肌肉的控制。这些对成年人来说太简单，以至于成年人总有一种取笑或者中止儿童工作的冲动。事实上，我们不应该去打扰孩子的活动。

儿童对待工作的态度不同于成年人。他们有着内在的心理驱动力投入他们愿意进行的工作中，并从中获得能力的提高。他们乐此不疲，充满精力地去工作并不是为了实现成人世界的功利性目的。他把自己看到的、听到的、触摸到的、闻到的和做过的工作……全都"吸收"进来，为的就是让自己成为一个充满活力的、日渐聪明的儿童。

成年人往往不了解儿童成长的这些秘密，以至于会在儿童工作的过程中设置种种障碍；在儿童去做一件事情的时候，总希望孩子能花费较少的时间和精力，替代孩子去完成本该孩子自己做的事情。孩子的成长，就是在这样看似关怀的环境中被扭曲甚至扼杀了。

像医生那样做教师

大家都对医生给病人看病的情景很熟悉：每一个病人走进某科室时，医生总是会动用各种方法对其进行检查，询问过往的病史，了解疾病产生的根源，推测病情发展的可能性，然后通过药物对疾病进行控制，并通过观察，分析这种控制是否有效，判断有没有必要调整治疗计划，加强治疗的针对性。对一些疑难杂症，病人长年累月地不见好转，医生并不气馁，一般会坚持自己的治疗方案，或者进一步修改治疗方案，期待奇迹的出现。

学生不是病人，当他走进学校，要让他能够充满热情地参与到学习中来，并得到最大可能的发展，教师就应该像医生那样，认真研究学生心智发展的特点，依据他的心智特征确定教育方案。苏霍姆林斯基就是这样一个像医生般的教师。《和青年校长的谈话》一书，既是写给刚走上领导岗位的青年校长的，也是写给每一位教师的。在这本书中，苏霍姆林斯基讲述了教师的责任和使命。那循循善诱的话语，犹如打开了一扇天窗，给读者拓宽了有关教育的宏大视野。

◯ 把了解学生放在首位

苏霍姆林斯基认为，校长只有把教育和教学，以及研究和了解儿童这些学校工作中最本质的东西放在第一位，他才有可能成为好的领导者。

这本书非常清晰地向我们传达了这样的信念——没有学会研究学生，不能算是学会了教育。

研究学生，可以通过一个个的专题加以落实。在每年举行的理论研讨会上，帕夫雷什中学针对学生脑力劳动方面的问题开展专题研究。学生顺利掌握知识的能力究竟是什么？能力的高低优劣应如何解释？为什么一个学生理解、记忆和掌握教材非常快，感到毫不费力，而另一个则感到困难重重？怎样才能使全体学生的能力都得到发展，才能使"机敏"这个智力品质不断完善？针对这样一些问题，教师们一个个从教学中、从学生的行为表现中去探索和思考，提炼出自己的观点，在专题讨论会上交流，形成共同的信念。

研究学生，要关注学生的心理特征。帕夫雷什中学举行的"学校心理学讲习班"是研究儿童的伟大创举。在他们学校，大约一个半月就会举行一次，由某个班主任做题为"对某一学生的教育鉴定"的详细报告。这个报告要分析儿童的健康状况、身体发育情况，并对儿童全面发展条件做出评定。其中一个非常受重视的项目，就是对儿童智力发展的个人特点的评定：儿童如何感知周围世界的事物和现象？他的概念是怎样形成的？他的言语特点是什么？他如何记忆？他的形象思维和抽象思维发展得怎么样？他说话的情感色彩如何？他的一般情感修养水平如何？等等。这样一种鉴定，与医生对病人进行诊断的情景何其相似。

研究学生，就要研究学生在校求学期间，应该掌握的最重要的技能和技巧是什么，这些技能和技巧应该在哪个学期就要确保达到，以保证学生后续学习的顺利进行。苏霍姆林斯基按照顺序给出了学生在基础教育阶段应该掌握的最重要的技能和技巧：

（1）会观察周围的世界；

（2）会思考，即会类比、比较、对比，找出不同的东西，提出疑问；

（3）会表达自己对所看见的、所观察到的、所做的和所思考的东西的想法；

（4）能流利地阅读，并理解所读的东西；

（5）能流畅、迅速而正确地书写；

（6）能划分阅读材料的各个相对独立的部分，并找出各部分之间的联系；

（7）能找到同所要了解的问题相关的图书；

（8）能在书中找到自己需要的有关材料；

（9）能对阅读材料做初步的逻辑分析；

（10）能听懂教师的讲解，并做好简明扼要的记录；

（11）能阅读课文并听懂教师关于如何理解课文的讲解；

（12）会写作文，即能把自己在周围看到的、观察到的事物叙述出来。

不仅如此，苏霍姆林斯基还通过研究，明确了学生应该熟练掌握每一个重要技能、技巧的年段，让教师的教学从"跟着感觉走"向"教育科学"的方向迈出了坚实的步伐。

把了解学生的工作落在实处

苏霍姆林斯基说，了解孩子——这是教育学的理论和实践的最主要的结合点，是对学校集体进行教育领导的各条线索的集结点。我们平时的教育教学工作，绝大部分时间是花在教材和教法的研究上的，花在课程体系的构建、教学经验的交流和总结上，而对学生的智力发展状况的研究却非常少。我们评判学生的标准，往往就是考试分数，分数好的学生就是好学生，分数同时被赋予了道德的含义。

每个学校都有一批学习成绩不好的学生。学生的学习成绩为什么不好？我们马上可以想到的理由就是：没有养成良好的习惯，平时学习不刻苦，学习不能专心致志，经常开小差，在游戏、娱乐方面耗时过多，等等。当我们给学生戴上这些"帽子"的时候，我们是否认真询问过学生，他们是否同意"佩戴"呢？

苏霍姆林斯基对学生学习成绩不好的情况做了4年的跟踪研究。他发现，造成学生学习成绩不好的原因有很多，其中必定有一个主要原因，一旦能够排除掉这一原因，那么其他原因的影响就会减弱，学生的学习成绩就会有明显的提升。

有的学生学习成绩不好，是家庭的原因造成的。苏霍姆林斯基在书中介绍了一个铁路工人的孩子，这个孩子从小被寄养在聋哑的奶奶家，由奶奶负责照料他。奶奶没有办法和孩子沟通，只能负责给他提供衣食、住宿，将他圈养在一个狭小的空间里。孩子有一肚子的"为什么"，但没有人能够给他讲解。直到5岁的时候，这个孩子才被允许走出家门，这个时候，他和同龄孩子之间已经有了很大的差距。这种差距体现在对事物之间最细微差别的感知和辨别上，而这样的观察能力正是孩子进行学习的基础。

有的学生学习起来感到困难，是由他的身体状况引起的。他在班级里听课的时候，前面的15分钟听课效率还是很高的，也能够听得明白。但过了这段时间，由于大脑供血不足，就不能保证他正常地学习了。有的家长和老师不了解其中的缘由，看到孩子的学习成绩不好，还要将孩子留下来再进行加班加点地辅导和补习，殊不知这样做根本就没有抓到点子上，反而让孩子的身心都受到更大的伤害。

有的学生学习的过程困难重重，是由教师没有让学生掌握某种重要的技能和技巧造成的。比如说学生的阅读能力，这在其学习过程中是一种非常关键的技能，所有学科的学习，都需要学生在掌握阅读能力的前提下进行。教师在教学中注意到，问学生一个问题，让学生站起来复述这一问题，然后讲述自己的观点时，经常会有一些学生复述问题很困难，不会准确断句，不能正确表达一些词语的意义。这样的学生其实就是阅读出现了障碍。要想让这类学生提高学习成绩，给他们再次讲解学过的知识，多布置习题作用是不大的，最先要做的是阅读能力方面的训练。

教育现象是非常复杂而且微妙的。很多表面上看起来似乎简单的现象，其背后说不定有很复杂的原因。只有具备敏感的心，才有可能明察秋毫，找出问题的症结来。

○ 像医生了解病人那样去了解学生

医生看病，讲究望、闻、问、切；教师研究学生，也应该如此。

物理学家研究微观粒子，有两种基本途径：一是用波去照射要研究的物体，通过波和物体作用之后形成的图样，来推测微观粒子的形状特征。DNA双螺旋分子结构的发现就是一个典型的示例。二是用放射源放出的α粒子作为"炮弹"，去轰击要研究的物体，通过作用之后炮弹的轨迹变化、产生的新粒子等情况，来推测微观粒子的构成、形状等。像原子结构、中子和质子等，就是通过这种方式发现的。

学生的心智也是一个看不见的世界，但正如物理学家对微观世界的研究那样，每一个施加到学生那里的刺激，都会使学生产生一种反应，对这些反应的记录、分析和研究，就是我们了解儿童心智的重要途径。教师要像医生那样，善于从多种渠道收集学生的各类信息，善于从这些信息中揭示本质性的规律。这是一件对学生非常有益的工作，教师自己的专业成长，大概也在于此吧！

陶行知与他的新教育理念

陶行知是一位"伟大的人民教育家",是人民教师的光辉典范。他"捧着一颗心来,不带半根草去",为我国的教育事业付出了毕生的努力,也为我们留下了非常宝贵的教育财富。他的教育思想具有洞穿历史的力量,经过近百年教育实践的考验,今天依然熠熠生辉。《陶行知教育名著:教师读本》选取的文章较全面地体现了陶行知教育思想的精华。

◯ 新教育

新教育总是相对当前的或者说过去的教育而言的。但新教育"新"在何处呢?陶行知认为,衡量你从事的教育是不是新教育,有三个基本标准:一是"自新",即你不能总是将他人的、国外的东西拿来,要依据中国国情,走出自己的教育改革之路;二是"常新",也就是说教育的改革和探索,不是偶尔做一次,而是每天都在做,日日新;三是"全新",新教育无论是在形式上还是在思想上都要新,如果骨子里还是既有的传统教育,仅仅做一些表面文章,就称不上新教育。

陶行知倡导,新教育的目的就是要养成"自主""自立"和"自动"的国民。在心理学中,"自主"就是遇事有主见,能对自己的行为负责。这样的品质其实非常可贵。在一个崇尚权威的环境里,很多时候往往"官大一级压死人",人很难做到坚守自己的信念、对自己的行为负责。"自立"就是能自给自足，不依靠别人。"自动"就是自己主动的意思，强调为人处世不是在外界的逼迫下进行的，而是发自内心的意愿，是"天下之乐而乐"的内在表现。

新教育的功能，主要体现在以下几个方面：一是改良个人的天性，让其从一个自然人成长为社会的好公民；二是养成团队合作的好习惯，对他人的生活有感同身受的体认，不断提升在社会团体中生存的基本能力；三是传承优秀的文化，学习和借鉴世界各国的优秀文化，并通过创造性的学习让大家都成为文化传递的使者；四是成就教师自己的事业，让教师感受到一辈子从事教育事业是一件至高无上的事情，愿意沉下心来将这件事情做好。

○ 新学校

陶行知对理想的新学校是有明确定位的：以生活为中心，不只是在书本上做功夫；师生共同生活，彼此感化；以健康为生活、教育的出发点；不仅学校的教师要学而不厌，职员也应该学而不厌；学校必须与社会生活息息相通；全校师生要以美术的精神共同改造学校环境；人人都应具有高尚的生活精神；学校欢迎大家参观和批评。

1931年，陶行知专门写过一篇文章，对教科书做了批评。他说，三十年前中国的教科书是以文字为中心的，到现在中国的教科书还是以文字为中心的，却没有把最好的文字收进去，给学生的是一种零碎的知识，没有让学生读了之后就有欲罢不能的感觉和体验。从他当年的批评到现在，我们的教科书依然没有大的改观。陶行知说，好的教科书，首先要有引导人去做的力量，做了一个动作之后就想跟进下一个动作；其次要有引导人们具有思想的力量，学了一个知识之后能想了又想；最后要有引导人产生新价值的力量，让人有一种豁然开朗的感觉，以及建立知识和经验之间的新联系，或创造了一种新经验。

陶行知认为，我国学校的弊端，不但在与社会相隔绝，而且在学校里面，全以教员做主，并不使学生参与。这样的弊端到今天依然没有多少改变。学生走进一所学校，首先接受的就是学校和教师制定的各种规范，不管你是否愿意，到了这里就必须听我的。在这样的氛围下，学生就不会认为这个学校是他的。陶行知说："使每个学生、每个教员晓得这个学校是我的学校，肯与学校同甘苦，那才是共和国社会里的真学校。"

曾经有一次，我带着一个学生团到韩国访问。为了展示学校的风采，特地带去了一个展板，里面全是学校先进的设备和设施。韩方也做了一个展板，里面全是学生的活动。两个展板放在一起，我直感到汗颜，所谓的"以学生的发展为本"，很多时候我们仅仅是挂在嘴上，并没有真心将学生放在心上。陶行知说："看学校的标准，不是校舍如何，设备如何，乃是学生生活力丰富不丰富。"这一百多年前的教育之声，在今天依然是那样的振聋发聩。

新学生

"学生"二字，其含义是什么？陶行知说，"学"字的意思，是要自己去学，并不是坐而受教；"生"字的意思，是生活或者生存。将两个字放在一起来看，就是自主地学会生活，也就是学习人生之道。

一个新学生，是明白自己整个的生活都是学习过程的学生。无论是在学校的课堂里，还是课外参与的各种活动，或者回到家里的生活，都是在学习。每天的一举一动，都在着力将自己引向最高尚、最完备、最有精神地位的学生，就是陶行知眼中的新学生。

陶行知认为，新学生应当具备以下三个要素：要有健康的身体，要有独立的思想，要有独立的职业意识。新学生自己明白，身体是一切活动的保障，更是学习的基础，他们将强身健体作为一件重要的事情，主动地、坚持不懈地加以落实；新学生注重倾听，善于思考，不人云亦云，具备依据事实做出判断的素养；新学生注重职业认知和体验，在多样化的实践中逐渐找到自己的兴趣和职业之间的关联，而不是依据自己的考分来决定学习什么。

陶行知指出,在学校里培养学生自治,是让学生成为"新学生"的关键。学生自治有三个要点。一是班级、学校全体学生参与,有团体的意思。二是自己管理自己,有自己立法、执法和司法的意思。学生共同立的规矩,比学校立的更加近情,更加易行,而这种规矩的力量,也更加深入人心。三是模仿社会化的环境,有练习自治的意思。将这三个要点合在一起就是"学生结起团体来,大家学习自己管理自己的手续"。

陶行知强调,要将学生自治作为一件大事来做,当个学问去研究,当个美术去欣赏。当件大事做,方才可以成功;当个学问研究,方才可以进步。自治是一种人生的美术,凡美术都有使人欣赏、爱慕的能力。有了这种能力,就能够减少以自我为中心,多从他人的角度来思考和解决问题。

○ 新教师

陶行知说,新教师不重在教,而重在引导学生怎样去学。对于教育,第一要有信仰心,第二要有责任心,第三要有同理心,第四要有开辟精神,第五要有试验精神。

有信仰心,是一个教师能成为好教师的关键。陶行知说,教师要树立"不要名,不要利,只要教育好;不怕难,不怕死,只怕教育不好"的坚定志向。教育的乐趣就在于"愚蒙者,我得而智慧之;幼小者,我得而长大之;目视后进骎骎日上,皆我所造就者",这也是他一生奉献教育的真实写照。

陶行知认为,教育者的责任就是"不辜负机会;利用机会;能用千里镜去找机会;会拿灵敏的手去抓机会"。这些机会都是给学生的,要通过学问上的熏染和督促的力量,为学生创设激发兴趣、开启智慧的主动探索之旅。

教师要具备"孩子的心灵",这样才能走进孩子的天地,发现他们潜在的创造力。要学生做的事情，教职员躬身共做；要学生学的知识，教职员躬身共学；要学生守的规矩，教职员躬身共守。师生共同生活到什么程度，学校蓬勃的朝气也共同发扬到什么程度，这是丝毫不可以假借的。

陶行知说，一流的教育家，必定具备"两种要素"：一是敢探未发明的新理；二是敢入未开化的边疆。敢探未发明的新理，即是创新精神。具备创新精神的人，不喜欢墨守成规，善于在对日常教育工作的追问中发现完善教育的新契机，并勇于实践和探索。敢入未开化的边疆，即是开辟精神。具备开辟精神的人，善于将自己在教育实践中的经验辐射给他人或其他地区，让大家一起来共享教育改革的成果，促进教育的均衡发展。

引导学生努力求学，不管是在过去还是在今天，都是教师最重要的任务。陶行知认为，引导学生努力求学要具备三个条件：一是好学的教师、同学；二是可学的工具；三是必学的督促。三者之中，第一个条件尤为重要。教师自己的言传身教，对学生的成长有着举足轻重的作用。

教育就是让学生养成好习惯

《如果我当教师》一书较为系统地向读者展现了叶圣陶一生的教育思想，对我们如何做好今天的教育工作有很强的指导意义。

○ 养成好习惯

叶圣陶认为，"教育"这个词，往精深方面说，一些专家可以写成宏大的著作；可是就粗浅方面说，"养成好习惯"一句话也就说明了它的含义。怎样的习惯才算好？能使才性充分发展的是好习惯，能把事情做得妥善的是好习惯，能使公众得到福利的是好习惯。德育方面，要养成待人接物和对待工作的良好习惯；智育方面，要养成寻求知识和熟习技能的良好习惯；体育方面，要养成保护健康和促进健康的良好习惯。

我们教孩子识字、读书，仅仅是为了让他们能够多认识一些文字符号吗？显然不是，而是借助课本和文字，培养孩子语言的好习惯，而一个孩子具备了语言的好习惯，也就具备了思想的好习惯。同样，我们指导孩子做实验，参加社会实践，也不仅仅是为了给他们体验的机会，丰富他们的经历，而且要培养他们对待工作、熟习技能的良好习惯。当我们能够从"养成好习惯"的角度来审视我们的课程设计、教学实施和学习评价等诸环节时，教育的有效性才会得到提升。

如何养成好习惯呢？叶圣陶告诉大家，一是要从最细微最切近的事物入手,二是要发挥教师以身示范的作用。

叶圣陶认为,养成好习惯,应从最细微最切近的事物入手,习惯一定要养成,决不能马虎了事。譬如门窗的开关,要教他们轻轻的,"砰"的一声固然要不得,足以扰动人家心思的"咿呀"声也不宜发出;直到他们随时随地开关门窗总是轻轻的,才认为一种好习惯养成了。

现在的学生甚至教师,书写常遭人诟病,字写得歪歪扭扭,很潦草,卷面不整洁。问题的根源在哪里?就在于学生入学之初,没有养成良好的书写习惯。其他像坚持锻炼身体的好习惯、勤于劳动的好习惯、讲究卫生的好习惯、注重节约的好习惯和按时完成作业的好习惯,等等,都会直接影响到学生的终身发展。凡是要求学生做到的事情,教师自己首先要做到;凡是要求学生不做的事情,教师自己要坚决不做。

为什么养成好习惯如此重要?这是因为好习惯养成得越多,这个人的能力就越强。就拿走路来说,平常走路的时候,总是一脚在前,一脚在后,相互交替,两条胳膊跟着晃动,以此来保持身体的平衡,脑子里从来不去想该先迈哪条腿。这一事例告诉我们,只有达到了习惯成自然的地步,才算我们有了某种能力。如果读书和学习还不是习惯成自然的事情,就不能说你具备了学习的能力;如果说劳动不是习惯成自然的事情,就不能说你具备了劳动的能力;如果说你仅仅知道了公民的一些知识,就不能说你已经有了做好公民的能力……通常说某人的能力不强,其实就是该人没有养成多少好习惯的意思。

◎ 为了无须教

教任何功课,最终目的都在于达到不需要教。这好比牵着孩子的手教他学走路,却随时准备放手。不教不是因为知识学完了,而是因为孩子能够自己学习了,能自己学一辈子,一直学到老。

从落实教学计划的角度看,教师讲可以充分把控教的进程,保证自己在规定的时间里讲完计划中的内容;从课堂组织的角度看,教师自己讲,是最方便的,让学生自主学习,课堂教学组织的难度将增加很多……当教师总是选择用"最经济"的方式来传递知识的时候,学生的自主学习习惯就无法养成,结果就是课堂上始终充满着教师声嘶力竭的叫喊声。

但教师真的能够将知识传授给学生吗?叶圣陶认为,除却物质的东西可以授受,属于精神方面的知识是谁也不能授予谁的。因为知识是求知者主观的欲望和兴趣的结晶体,离开了求知者的主观便无所谓知识。所以知识只有自己去求,别人的知识只能由别人去应用。

知识的价值全在于即知即行,当时应用。教师的工作在于促使儿童从身边的事物中寻求真知识,并用真知识来支配他们的行动。比如说,一年级的孩子拿到语文课本之后,如果老师不急于讲课,就是让孩子自己翻阅课本,看看其中有哪些自己感兴趣的事物,有的孩子会发现书中有很多图画,有的孩子会发现书中有很多数字,有的孩子还会发现书中有好几个单元、要认的生字在课文的后面等。老师告诉他们,图画可以帮助大家理解里面的故事,目录上的数字代表着课文的序号,课本下面的数字是页码,可以帮助他们快速地找到某一课在第几页……孩子自己动手实践,发现确实如此的时候,学习的热情还能不被调动起来?

孩子求知识,最根本的目的是获得丰富的生活经验,为自己逐渐走入社会做好准备。但生活经验不是随便谈谈、随便听听就可以取得的。必须把外界的一切融化在我们的生命里,使我们的生命丰富而有所作为,才算真的取得了生活经验。善于将外界的一切作为儿童学习的资源,让其和教材的内容相整合,给孩子提供充分的探索、感悟和体验的时空,有利于儿童逐渐养成自主学习的习惯,并最终实现"不需要教"。

◎ 要"五育并举"

落实德智体美劳全面发展的教育方针,需要我们正确认识德育、智育、体育、美育和劳动教育,并做到"五育并举"。

课堂里的所有功课都是智育。学习任何一门功课都要求严肃认真，要按照规定的程序来做实验，依据自己理解的事物或者道理来写作，不能空话、套话一大串，等等，这些又都与德育有关。

　　参加体育活动，需要明白排队的道理、每一个肢体动作对身体的好处，这些都是智育的内容。但同时，排队必须整齐，动作必须到位，要有锲而不舍的精神，在活动中要全神贯注，取得领先也要能够戒骄戒躁，等等，这些又都是德育的要求。在活动中不屈不挠的奋斗精神，又是劳动教育所提倡的。

　　叶圣陶说，普通学校设艺术学科，目的当然不在于使学生成为画家、音乐家。教学生学习图画，在于使他们精密地观察物象，辨认形象的美与丑、和谐与凌乱，并且能够把所见所感的约略地记录下来。教学生学习音乐，在于使他们能用声音来表达出感情和意志，尤其当合奏合唱的时候，个体融合在群体之中，可以收到人格扩大的效果。

　　那么，美育就是通过这样的学科学习来实现的吗？显然不是！学生在学习各门学科的过程中，经常会感受到事物的形态美、规律的简洁美、语言的内在美，经常能在顿悟之时获得豁然开朗的喜悦，经常能够感受到突破一个难关之后的快乐心情，这些其实都是美育。体育中的美育就更不用说了。一个个运动员在赛场上展现的飒爽英姿，一个个团队项目呈现的和谐和有序，都给人以美的享受。

　　叶圣陶说，空无依傍的德育似乎是没有的，德育总是跟智育或者体育结合在一起的。美和丑的辨别能力要经过训练才能获得，而这样的训练也不需要另辟蹊径，只需要运用好现有的课程载体，与德育、智育、体育和劳动教育充分融合即可。

教育的心理学与哲学思考

《我的教育信条》一书是编译者根据自己的理解,对约翰·杜威在19世纪末的一段时间内发表在不同地方的教育论述的整理汇编,分为教育心理、教育哲学和教育实验三大板块。从这些文章中,我们可以较为全面地了解100多年前伴随以美国为首的第二次工业革命的兴起,在教育领域引发的对教育改革的讨论和实践探索。

◎ 真正的兴趣

激发兴趣、培养能力,是课堂教学中非常重要的两点。问题是,通过外在的兴趣激发,真的可以实现培养学生能力的目标吗?

杜威认为,兴趣的本质很简单,就是"主体认可了某种活动的价值而参与、专注于或者完全从事于该活动"。一个孩子被游乐场的滑梯吸引,一遍又一遍地爬上去,滑下来;另一个孩子被可组装的乐高组件吸引,坐在那里几个小时都不挪窝,连母亲喊吃饭都置若罔闻……这就是兴趣的本质。一个班级有几十位学生,教师在课堂上通过创设情境,同时激发起全班学生的学习兴趣,看来并不是一件容易的事情。首先,不同学生对教师所创设情境的价值判断不同;其次,快节奏的教学,很难让学生专注于教师所创设的情境之中。

学生真正的兴趣,往往不是来自教师外在的诱导甚至强迫,而是学生内在的自动行为。学生是在行动的过程中对所做的事情有了进一步的认识，并由此产生了对客体或者观念的认同。也正因如此，杜威特别强调："孩子的自然力量，以及对实现自我冲动的要求，是无论如何都不可能压制得了的。如果外部的条件使得孩子不能把他的自然力量投入他要做的工作中，如果他发现在工作中不能表达自己的意思，他就学会了一种很神奇的办法，集中他的注意去处理所给的外部材料以满足老师的要求，用余下的心智力量追随对他有吸引力的意象。"[1]在儿童本性的发展上，自动的方面先于被动的方面，对这个原理的忽视便是学校工作中大部分的时间和精力被浪费的原因。

激发学生的兴趣除了突出自动、自发之外，还有几点需要引起我们的重视。第一，要认真研究学生，找出他们的实际兴趣所在。第二，兴趣的激发是建立在学生已有经验的基础上的。一个学生若没有已有经验和兴趣，是不可能认识一个事实或者获得一个想法的。第三，实现兴趣就意味着做某件事，在做的过程中遇到困难和阻力，然后面对和克服它，使新的经验成为可能，并倾向于形成新的能力。只有这些困难和阻力为学生的内在所感知，它们才是有意义的。

○ 课程的设置

课程本身是一个很大的领域，本书介绍的芝加哥实验学校的课程设置，可以给我们很多启发。比如下面两门课程的设置和教学。

一是儿童绘画。

文字、数字符号等一般是以图画的形式建构在儿童心中的。儿童对出现在身边的事物有了想法时，常凭借画笔将其表达出来。儿童作画最

---

[1] 约翰·杜威.我的教育信条[M].罗德红，杨小微，译.上海：华东师范大学出版社，2015：10.

重要的特点，是在画具体物体时，所画的只是物体的意象，而不是物体本身。儿童的运动神经和手是外部世界与儿童的大脑之间沟通的唯一通道，经由儿童的手画出来的图画就是儿童对该物体的心智描述。

无论是家长在家里指导孩子画画，还是教师设置儿童绘画课程，都应该充分把握儿童心智成长的特征，不能从一开始就追求精准、精细化，不能以画得像不像某个物体作为评判孩子绘画好坏的标准，要给孩子充分的空间，让其有充满想象力的自由表达。这既是经验积累的过程，也是表达方式积累的过程。

二是小学低年级的语言课程。

小学的头三年主要是学习母语的阅读和写作。为什么小学低年级的课程会如此设置？因为在很多年之前，人们获取知识的主要途径就是阅读。在当时，是否具有阅读和书写能力，不仅成了区分受教育者和未受教育者的重要标志，也决定了能否取得学习和人生的成功。这样的课程设置一旦成为习惯之后，就很少有人对其提出质疑。

杜威认为，阅读、写作和拼写通常教得太早，显然这些学习科目要求的大脑中心还没有充分发展到使儿童感到愉快和受益的地步。在最初的两年就让儿童的阅读和书写构成学校的大部分工作，是教育的重大错误之一。眼科医生告诉我们，儿童的视觉实质上和原始人一样，一般来说，适合看大的、有点儿遥远的物体，而不是从细节上看附近的物体。强迫儿童在未成熟时期就将注意力完全奉献于这些精细的和难以分辨的事物，可能会使他们的神经系统受损，导致肌肉的失调和畸变。永不停止的、低水平的反复操练，还会迫使儿童不得不极为关注形式，以至于其精神价值丧失殆尽。人们一直致力于提高阅读的普遍品质，但若不了解孩子身心发育的规律以及教育的规律，这种努力必然是徒劳的。

◎ 学校的价值

学校教育的目的是使儿童开始学习如何与同侪进行互动的细节，使儿童熟悉蕴含在文化中的观念，并且将其作为必须使用的思维工具去观察和理解他周围人生活的发展状态。

杜威认为，一切教育都是通过个人参与人类的社会意识而进行的。这个过程几乎是在人出生后就在无意识中开始的。它不断地发展个人的能力，熏染意识，形成习惯，锻炼思想，并激发感情和情绪。经过这种不知不觉的教育，个人便渐渐分享人类积累下来的智慧和道德的财富，成为一个固有文化资本的继承者。

教育过程包括两个方面：一是心理学的，二是社会学的。心理学是基础，如果对个人的心理结构和活动缺乏深入观察，教育的过程就会变成偶然性的、独断的。儿童的社会生活是他的一切训练或生长的集中或者相互联系的基础。所有教育的问题归根结底就是协调心理和社会两方面因素的问题。心理因素要求个体自由地运用他的个人能力；社会因素要求个体熟悉他生活于其中的社会环境，熟悉所有重要关系，在活动中接受与这些关系相关的训练。

杜威认为，学校主要是一种社会组织。学校必须呈现现在的生活——对儿童来说是真实而生机勃勃的生活，像他们在家里、在邻里间、在运动场上经历的生活那样。但学校与社会还有区别，这种区别就体现在学校的制度设计上，要把现实的社会生活简化，缩小到一种雏形的状态，以便学生学习和实践。这体现在学校的方方面面。学校还是家庭和其他更大的社会组织之间的中介，是儿童从家庭走向社会的桥梁。

杜威在100多年前就提醒说："在现在的情况下，由于忽视了把学校作为社会生活的一种方式这个概念，来自教师的刺激和控制是太多了。"现在看来，这种状况似乎并没有好转，而且愈演愈烈了。

树立人文主义教育观

联合国教科文组织在推动全球教育发展方面，发挥着重要的作用。该组织针对科学技术的发展和社会变革的实际情况，每到一定的阶段就会出版一本具有里程碑意义的著作，为教育的发展指明方向。

◎ 三本里程碑式的书

1972年，针对传统教育系统受到挑战的现实问题，联合国教科文组织出版了《学会生存：教育世界的今天和明天》一书，提出了两个相互关联的概念，学习型社会和终身教育。此书提醒人们，随着技术进步和社会变革的加速，没有人能够依靠在学校阶段接受的教育就能过完一生。学校以外的各种机构和社会生活应该弥补学校教育在促进人的终身发展方面的不足，构建学习型社会，以满足科技和社会发展的需要；每个个体都应该终身接受教育，以便适应这个瞬息万变的复杂世界，为自己赢得生存的时空。

随着科技、经济和社会的不断加速发展，一系列矛盾冲突也接踵而至。其中包括普遍与特殊之间的矛盾、传统与现代之间的矛盾、精神与物质之间的矛盾……为了回应和化解这些矛盾，联合国教科文组织出版了《教育：财富蕴藏其中》一书，提出了综合教育的构想。该构想建立在两个重要概念的基础上：一是终身学习；二是学习的"四大支柱"——学会求知、学会做事、学会共处和学会生存。

进入21世纪后的这20多年，全球知识格局和物质基础都发生了翻天覆地的变化，给人类的学习和发展带来了新的挑战和新的机遇。特别是第二个十年，互联网、移动技术和其他数字媒体的飞速发展以及公共教育机构等的开放，促使社会生活、文化教育、科学创造和经济生活都进入了一个新的历史发展阶段，各种复杂性、不确定性和张力达到了前所未有的程度。这对教育提出了新的要求。联合国教科文组织出版了《反思教育：向"全球共同利益"的理念转变？》一书，重申了人文主义的教育观，呼吁在最新的伦理和道德基础上采用综合教育方法，来解决当下教育发展中面临的各种困境。

我们正处在教育变革的关键点上

《教育：财富蕴藏其中》揭示的社会主要矛盾现在依然存在，有的在今天有了新的含义，有一些新的矛盾正在形成。在这些矛盾运动中，世界的教育格局正在发生剧变。

第一，知识的来源正在发生大的变化。今天的学生获取知识的来源早已不再局限于学校教育，甚至教师已经不再是首要的知识提供者。不仅知识的来源改变了，人们与知识之间的交流互动方式也改变了。原本由传统的学校教育机构独挑大梁的格局，正在转向混合、多样化和复杂的学习格局。越来越多的人通过多种教育机构和第三方办学者，实现了正规学习、非正规学习和非正式学习。

第二，获取知识的途径大大拓宽了。在传统的教育机构之外出现了新的学习空间，这给以课堂为中心的学习带来了挑战。手机、平板电脑等轻巧、便携的设备使得学习不再局限于固定和预设的地点，学生可以在教室内外获取教育资源、与他人建立联系或是创建学习内容。这极大地改变了现代社会知识的传播渠道，学习因此变得更加非正式、个人化和无处不在。知识传播的路径和方式发生了根本性的变革。

第三，在新时代做教师，和以往有很大的区别。两支粉笔一节课的传统教学模式越来越没有市场，原本的教学非常关注学生对知识的记忆，现在有了新的智能存储和提取设备，这样的教学已经失去了价值。教师依然需要知识作为载体，但更需要关注的不是知识本身，而是与知识相关联的教育的其他内在特性。要把这些事情做到位，教师自己必须成为终身学习者，不断提升自身的专业素养。

第四，年轻人对学校教育的期待逐渐降低。过去，每个人都能享受到学历带来的预期收益：就业、美好的未来以及跻身社会上层的许诺。但现在，很多家庭几乎耗尽了各类资源将孩子送入高等院校，可孩子毕业的时候就是家庭投资破产的时候。年轻人开始质疑传统"高端"教育路线的"投资回报率"。在这样的背景下，很多人另辟蹊径，通过自学某种专长，借助某种平台走上新的成才之路，电视上的大奖赛，网络上的直播、抖音、微信公众号等各种新媒体，对年轻人的吸引力越来越大。

…………

传统的学校教育没有能够在课程建设、传道授业和职业生涯规划之间做出有效的统筹；没有更加深刻地认识到全球一体化带来跨越国界的学习以及信息化社会催生的专业学习空间的流动性，教育质量的评估和学生学习的认证依然老死不相往来；缺少对新时代公民特征的把握，不知道如何在尊重价值观的多元性和关注共同人性之间实现需求平衡；在教育决策方面也往往更加注重地方的、短时间的利益，缺少全球的、长远的发展视野。这些都是《反思教育：向"全球共同利益"的理念转变？》关注的问题，有些问题至今依然没有答案。

○ 在传承中创新发展

在这样剧变的时代，人们更加清晰地认识到，教育是可持续发展目标全球综合框架的关键。教育是我们努力适应变化、改造我们生活于其中的世界的核心。优质的基础教育是在瞬息万变的复杂世界中实现终身学习的必要基础。

《学会生存：教育世界的今天和明天》倡导的建设学习型社会和终身教育的理念，在今天非但没有过时，反而更需要发扬光大。让教育成为推动变革的力量，有助于实现人人共享的可持续的未来。在这个基础上，批判性思维、独立判断、解决问题以及信息和媒体素养是培养变革态度的关键。正如《教育：财富蕴藏其中》所指出的，在当今世界，可持续发展已经成为全球发展的核心关切问题，构建综合性人文主义教育观显得尤为迫切。随着可持续发展越来越受到关注，《教育：财富蕴藏其中》提出的"四大支柱"也显得更加重要，并且需要根据形势的发展做出新的解释。

在此基础上，联合国教科文组织更加深刻地意识到，教育可以帮助我们完成更为艰巨的任务——改变思维方式和世界观。人们需要更多机会过上有意义的生活，享有平等的尊严，而教育对增加这种机会的能力建设至关重要。新的教育观包括培养学生学会批判性思维、独立判断和开展辩论。要实现这些转变，必须改善教育质量，同时提高由个人和社区决定的、具有经济和社会针对性的办学质量。

维护和增强个人在其他人和自然面前的尊严、能力和福祉，是21世纪教育的根本宗旨。这种愿望即人文主义，是联合国教科文组织应从概念和实践两方面承担的使命。

人文主义教育观提出的问题多于提供的答案。面对这样的新命题，我们该如何去做呢？

课堂改变，学生就会改变

教师的工作是非常复杂的，教学实践是高度复杂的智慧实践。支撑教师每天在教学领域发挥创意和创造性的是以下三点：给每个孩子学习的尊严、专注教材（学问）的发展性和我们自己的教育哲学。

○ 给每个孩子学习的尊严

教与学是由学生、教师、教材和学习环境四个要素构成的。只强调其中的部分要素，而忽略其他要素，会导致教与学的过程中出现问题。比如说，强调学生学习的自主性，忽视教师的指导，会导致自主学习流于形式；强调教师的主导作用，忽视学生的主观能动性，会导致满堂灌的现象发生；强调教材的权威性，忽视现实生活的意义，会导致理论脱离实际；强调环境建设，忽视人的能动作用，会导致目中无人的教育产生。

教与学的四个要素并不是孤立存在的，它们之间具有内在的、密切的联系。每一个教室的学生是不一样的，教师也是不一样的，他们的生活环境、家庭环境和社会环境也各不相同，因而每个教室里的风景是各不相同的。教与学的基础，是对上述四个要素之间关系的体认。当各要素之间关系和谐的时候，学习就会自动发生，每一个学生的个性就能得到充分的尊重。

学习是从心扉向他人敞开、接纳异质的未知的东西开始的。让学生敞开心扉的前提,是教室生活环境构筑起来的基本的信赖关系。而能触发与支持这一关系的人,就是教师。佐藤学认为,与学生的心灵息息相通是教师的基本功,这种息息相通在人际关系上比言语还要基本。在教室里,只需观察教师的身体语言,就能大致知道其教学的成败。

"倾听"是构筑和支持这一关系的核心。教师需要在课堂上以慎重的、礼貌的和倾听的姿态面对每一个学生,倾听他们有声的和无声的语言。倾听的关键不是听学生发言的内容,而是听其发言中包含的心情、想法,要能听明白对方话语中渗入的而又没明说的想法,听明白暧昧表达的意识或语言背后的所指,并与他们心心相印,从而产生"啊,真不简单""真有趣啊""原来如此"等共感、共鸣。

努力营造一种无论什么时候学生都能向他人求助的人际关系,能使教室里的关系变得更加融洽。在别人面前示弱,涉及自身的"面子"问题,如果没有非常融洽、和谐的环境,人们是不愿意去做的。很多老师不愿意上公开课,很多学生不愿意在课堂上发言,这就是其中的原因之一。在教学过程中,每个学生是否得到了尊重,只需在教室里听听他们的声音马上就能判断出来;教师的工作究竟做得好不好,只要看看教室里每个学生的表情、学习的姿态就能判断出来。

◎ 专注教材(学问)的发展性

如前所述,构筑由学生、教师、教材和学习环境四个要素和谐共生的内在关系,是教室里最为重要的风景。而生成这种风景的载体,就是以学习为中心的课程。

所谓学习,就是与教育内容的题材(主题)的对话,是与教室中的教师的对话,与组成各种各样形象意义的同伴的对话,与自身的对话。佐藤学对当下学习的弊端做了总结与分析:弊端之一是把学习当"坐学"来组织,只强调脑神经细胞的活动,而不关心学生身心的全面发展;弊端之二是把学习看成仅由个体独立完成的行为;弊端之三是没有认识到学习同时是不断进行反思的一种活动。

学习既不是学生个人孤立的活动，也不是没有教师介入而进行的活动，而是在教师的介入下，学生自主地、合作地、在不断反思中进行的活动，这才是学校中"学习"的本质。

《静悄悄的革命：课堂改变，学校就会改变》的作者佐藤学认为，传统的课程组织方式，虽然也关注到上述几种对话关系，但是仅将其组织成"目标·达成·评价"的"阶梯型"课程。这种课程的学习经验是狭隘的、单一的，评价也必然是简单的、一元化的。创造以学习为中心的课程，要着力将上述几种对话关系组织成"主题·探究·表现"的"登山型"课程，开展活动的、合作的、探究的学习。这是课程建设最具挑战性的工作。

一谈到"主题""探究""表现"，教师立刻就会想到综合实践活动，想到研究型课程。佐藤学特别提醒大家，如果你能够一眼就将研究型课程和学科课程分辨出来，那么无论是哪一种课程的设计和实施，都是有问题的。从课程实施的角度看，研究型课程和学科课程的教与学，不应该有明显的分别。它们的区别仅仅体现在课程的编制上。以现实的主题为中心来组织课程，就是研究型课程（综合实践活动）；以个别学科的内容为中心来组织课程，就是学科课程。

以学习为中心的课程，强调从活生生的人那里学习，从活生生的现实生活中学习。创造以学习为中心的课程，强调学科之间的整合，强调不同班级、不同年级学生之间的互动和交流，强调家长和社会资源的协作支持。建设这样的课程，面临的障碍有很多。比如，学科界限、对学生和教师的尊重程度、教师和家长相互信任的程度、对各种教育资源的态度，等等。这是当下的教育改革必须面对的现实。

◎ 我们自己的教育哲学

佐藤学将创建"学习共同体"作为学校改革的哲学。

所谓"学习共同体"的学校，是指在这样的学校里不仅学生相互学习、成长，作为教育专家的教师也相互学习、提高，教育行政人员、家长和市民也参与学习，共同发展。这是一种关于学习和学习者的社会性安排，它提供给学习者围绕共同的知识建构目标而进行社会交流的机会，每一个学习者从不同水平和不同角度加入围绕知识的合作、争论和评价中，并且从中获得来自他人的支持，在形成共同体的共识性知识的过程中确立自己的身份感。

"学习共同体"由三个原理——公共性、民主主义与卓越性组成。

公共性，强调学校是各种各样的人共同学习的公共空间，是为了实现所有儿童的学习权、建设民主主义社会的公共使命而组织起来的。学校如果放弃任何一个学生或老师，都是不会成功的。

民主主义，强调各种各样的人协同的生存方式。校长、老师、学生和家长都是学校的主人，每个人都同样有发言权，都可以参加学校的活动，大家结成平等关系，实现各自的权利，承担各自的责任。

卓越性，强调永远给孩子最好的教育内容或资源，永远设定最高的教育目标，选择最好的教科书和教材，不会因为孩子成绩不好、家境不好就减少教育内容，降低教学水平，永远都追求完美。

依据这一哲学进行的课堂教学改革，有三个中心任务。第一是创造以儿童的学习为中心的课堂教学。学校和教师的责任并不在于"上好课"，而在于实现每一个学生的学习权，给学生提供挑战高水准学习的机会。第二是教师作为教育专家和同伴互助式的教师团队的形成。教学改革能否取得成效，取决于教师在多大程度上尊重教材，尊重每一个儿童。教师对自身教育工作的尊重取决于教师能否从单打独斗的教学状态向建设同伴互助式团队方向做出努力。第三是家长实现从"参观学习"到"参与学习"的转变。家长不是学校教育和儿童学习的旁观者，而是建设学校"学习共同体"的积极参与者，应形成一种强大的支持力量。

占据未来制高点需具备的五种能力

曾出版《智力的结构：多元智能理论》一书的霍华德·加德纳（Howard Gardner）教授，出版了他的著作《奔向未来的人：五种心智助你自如应对未来社会》。他认为，专业学术之智、综合统筹之智、开拓创新之智、尊重包容之心和责任道德之心是人们在未来世界占据制高点的五种重要的心智。这五种心智均以原初形态存在于人们心中，但每种心智需要在人生的不同阶段进行"再培育"。教育在其中可以发挥更加重要的作用。

◎ 专业学术之智

即掌握至少一种思维方式，一种专属于某种专业学术学科、技能或职业的特殊的认知方式。一个人如果不能掌握至少一项专业技能，那么他注定要沿着别人的路线前进。

加德纳特别强调课程与学科之间的差异。在学校里，大多数师生都努力学习课程，其标志是完成对大量事实、公式以及数据的记忆；而学科则代表一种与众不同的世界观。未来的人，在面对政治场景、设计艺术、医学选择、经济发展和资源危机等重大事件时，越来越需要以主要学科惯用的方式加以思考，因此，专业学术之智的培养非常重要。

如何培养专业学术之智？加德纳给出了具体的路径。

第一步，找到本专业真正重要的主题或者概念，它们有些是内容，有些是方法论。

第二步，用大量的时间深入学习这些主题。

第三步，通过多种途径接触这些主题，以便获得更好的理解。

第四步，建立"展示理解力"的平台，让学生充分展示自己在不同条件下的理解。只有学生能够通过口头或者书面的形式做出表达，才能判断他是否真正理解。

○ 综合统筹之智

即能够从各个零散的源头获取信息，客观理解并评估这些信息，采取合理方式将其汇总，使之简单易懂。在今天信息如潮水般涌来的情况下，综合统筹之智可以帮助我们筛选、整理，尽快找到最有价值的信息，为我所用。诺贝尔物理学奖获得者默里·盖尔曼（Murray Gell-Mann）断言，21世纪最杰出的智慧将是综合统筹之智。

处于童年阶段的孩子，大都是具备综合统筹之智的天才。他们无师自通，学会了人类社会最为复杂的语言体系；他们着力探索，不断加深对外部世界的认识和自我本领的感知。但这样的智慧随着年龄的增加，特别是学校教育的介入而逐渐丧失。学校教育有一个非常重要的特点就是分科教学，将一个完整的世界分割成各自不同的部分，然后分门别类地推送给学生，要求他们学习。这导致了孩子逐渐放弃自己惯常的综合统筹之智和整体分析事物的习惯，越来越多地从分析的角度去认识事物的一个个细节。

无论是古希腊的哲学家苏格拉底（Socrates），还是文艺复兴时期的达·芬奇（Leonardo da Vinci），都是具备综合统筹之智的杰出代表。今天要想培育出这样的杰出人物，需要在以下几个方面做出努力。

第一，明确培养目标，把综合统筹之智放在重要位置上。

第二，分析现有基础，确定实施这一目标的出发点。

第三，了解综合统筹的类别（作者给出了8种类型），依据实际选择培养的策略、方法和路径。

第四，进行初步实践，并对效果加以反馈，以便调整后进一步实践。

○ 开拓创新之智

从某种程度上说，5岁是人的创造力最旺盛的时期。学校整齐划一的教育制度，与创造力培养的方向和路径背道而驰。学生如何在进入学校之后保持原有的创造力和敏感性，成年人如何重新找回自己的童年，呵护学生的创新意识和能力，这些问题都很值得我们深入思考并积极实践。

毕加索说，当他是一个孩子的时候，他可以像拉斐尔那样作画，后来他花费了很多年来学习如何像一个孩子那样去画画。牛顿说他不知道世人怎样看他，但他自认为他不过像一个在海边玩耍的孩子，不时为找到比常见的更光滑的石子或更美丽的贝壳而欣喜，而展现在他面前的是全然未被发现的浩瀚的真理海洋。这些话语既是对童年时期创造力培养的肯定，又揭示了创造力培养的一个路径。

要保持学生的创新能力，有以下几种方法。

一是对每一个问题，给出不同但同样有效的解决方法。

二是让学生去接触那些既有创新能力又有创新经验、充满个人魅力的创新者。

三是突破单调、枯燥的学术规则，奖励创新，宽容错误。

创新和综合并没有非常严格的界限，但背后的驱使力量却完全不同。综合的目标，是要以尽可能有用、有启发性的方式，来综合已有的成果；创新则是为了扩展知识领域，打破学派局限，朝着全新的、前所未有的方向进行实践。综合追求的是规则、平衡和结论；创新则追求不确定、惊喜，不断地挑战和打破平衡。

◎ 尊重包容之心

即接受不同个体和群体之间的差异，尽量理解他人，寻求与他人有效合作的方法。学会站在别人的立场上去理解他们，在不放弃自己信念的基础上去接受或容忍接触的人，建立彼此之间的信任关系。

人类有一种根深蒂固的倾向，即创造一个群体和特殊的群体标志，对相邻或者不相邻的群体抱持明显的亲近或敌视的态度。球队之间的比赛、两个地区学校的友好交流、自己的家庭或者家族……所有这些社会关系均表现出人类的这种倾向。识别差异是人的基本能力，是人类认知的组成部分。最迟到5岁，儿童对其他群体采取敌友、爱憎、包容或者排斥的态度就会定型，这些态度大多来自他们对成年人言行的观察和体悟。换句话说，偏见是人类永远存在的本性。

如果我们要培养能包容差异的人，就要在孩子面前树立榜样，成年人所做的示范对孩子很重要。一个总是不尊重他人的人，自己也不会得到别人的尊重；一个组织如果把本组织之外的其他人假想为敌人，组织内部成员就很难维持相互尊重。

◎ 责任道德之心

这是用来处理我们和他人之间关系的一种心智。即着力探索人们为何在自我利益之外努力工作，公众为何为改善所有人的命运而无私奉献。道德是一个人履行或者不履行某种社会角色所清晰体现出来的抽象的态度。人无论是在工作领域还是作为社会成员，都需要有一颗责任道德之心。

尊重和道德两者之间的界限很难划清。对他人的尊重（或者不尊重）是从小开始培养的，其核心是一个人对他每天遇到的人和事是如何看待和对待的。道德品质是在青春期及青春期之后的人生阶段形成的，一个人道德立场的形成表现在以下两个方面：一是认同自己是某职业群体的一员，思考应当如何发挥应有的作用；二是认同自己是某地方、某地区甚至全世界的公民之一，思考如何发挥应有的作用。

要培养人们的责任道德之心，以下四点或许是指路明灯。

一是明确自己扮演的角色的使命。

二是树立榜样。如果没有鲜活的榜样作为表率，年轻人就很难知道如何去做。

三是反省自己，独善其身。可以反问自己："我希望生活在一个什么样的社会？""为了形成这个社会，我的职责是什么？"

四是监督他人。适时干预身边人的行为，是任何一个成熟的人应尽的义务和责任。父母、老师能做的，就是成为年轻人的职业道德榜样！

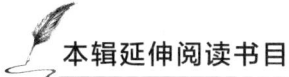

本辑延伸阅读书目

1. 柏拉图.理想国[M].郭斌和,张竹明,译.北京:商务印书馆,2020.

2. 罗伯特·R.拉斯克,詹姆斯·斯科特兰.伟大教育家的学说[M].朱镜人,单中惠,译.济南:山东教育出版社,2013.

3. 乔伊·帕尔默.教育究竟是什么?:100位思想家论教育[M].任钟印,诸惠芳,译.北京:北京大学出版社,2008.

4. 王英杰.顾明远教育思想研究[M].北京:教育科学出版社,2018.

5. B.A.苏霍姆林斯基.要相信孩子[M].汪彭庚,译.北京:教育科学出版社,2009.

6. 联合国教科文组织.教育:财富蕴藏其中[M].联合国教科文组织总部中文科,译.北京:教育科学出版社,2014.

7. 陈锋,等.爱与自由:外国十大教育家经典教育理念[M].北京:北京大学出版社,2014.

8. 霍华德·加德纳.多元智能新视野[M].沈致隆,译.纪念版.杭州:浙江人民出版社,2017.

9. 约翰·D.布兰思福特,等.人是如何学习的:大脑、心理、经验及学校[M].程可拉,孙亚玲,王旭卿,译.扩展版.上海:华东师范大学出版社,2013.

10. J.S.布鲁纳.布鲁纳教育论著选[M].邵瑞珍,张渭城,等译.北京:人民教育出版社,2018.

11. 威廉·赫德·克伯屈.教学方法原理[M].王建新,译.2版.北京:人民教育出版社,2016.

12. 玛丽·路易丝·霍莉,乔安妮·M.阿哈尔,温迪·C.卡斯滕.教师行动研究[M].祝莉丽,张玲,李巧兰,译.3版.北京:中国人民大学出版社,2014.

13. 麦克·格尔森.如何在课堂上使用学习评估[M].白洁,译.北京:中国青年出版社,2019.

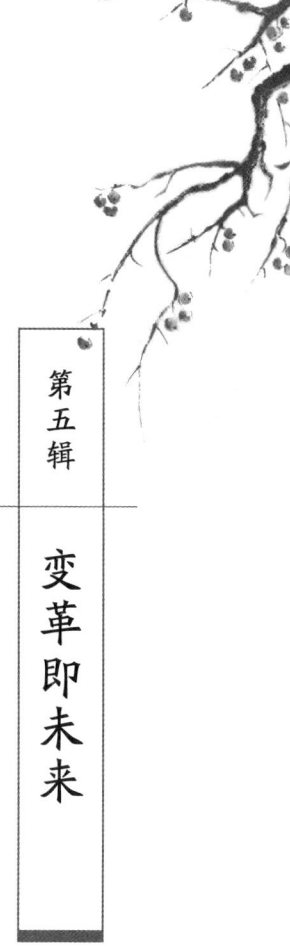

第五辑

变革即未来

如何建设高效、顶尖的教育系统

2009年,全世界65个国家和地区参与了经济合作与发展组织(OECD)的国际学生评估项目(PISA测试),上海第一次参加这一测试,就在阅读、数学和科学三个方面均排名全球第一,这顿时成为世界各国关注的焦点。哈佛大学教育出版社出版了《超越上海:美国应该如何建设世界顶尖的教育系统》一书。该书主编、美国"全国教育与经济研究中心"主席马克·塔克(Marc Tucker)明确提出,美国教育改革要以上海教育作为标杆。

◎ 上海排名第一的缘由

长期以来,美国教育一直是我们的标杆,但PISA测试的结果告诉我们,低投入的上海,教育的成效更加显著。

上海的基础教育为什么能取得如此成绩?上海市原教委巡视员尹后庆认为,有四个方面的缘由。第一,上海市在世纪之交启动了"二期课改"。在确保夯实基础的前提下,教育工作者注重信息社会和全球化时代对人提出的新要求,注重对学生在创造意识、批判性思维、探索发现与解决问题的能力等方面的培养。第二,努力办好每一所学校。上海市通过建立教育集团,创建委托管理的机制,使中心城区和郊区的学校结对发展,让更多的学生共享优质的教育资源。第三,中国特色的教研制度。

教研组织健全、教研活动活跃的地区，教师更新理念的速度就快，先进教育理念在课堂上的落实就会更扎实，教育教学改革的鲜活经验就会充满能量地自下而上生长起来。第四，加强教师继续教育。上海市教育部门常组织教师参加各种培训，从见习教师的规范化培训、常态化的专业素养和能力提升培训，再到青年教师的针对性模块化培训，以及因地制宜、按需配送的注重分层、分类的教师专业发展计划等。参加诸多培训让上海教育工作者深刻感受到"教师至关重要"。

除此之外，我认为还有两个原因：一是发达国家此前很少关注上海或者中国的基础教育；二是我们的教育改革始终在追赶欧美教育，不知不觉地已经追赶上来了。

○ 成功经验的分析与解读

这本书研究了中国上海、芬兰、日本、新加坡、加拿大等五个被认为是教育最成功的地域，并对它们的成功教育经验做了分析与解读。

在对上海的教育进行分析之后，作者梳理出以下七条经验：一是制定一套能够获得广泛支持的、进取的以及清晰的改革目标；二是改革必须触及文化传统，社会在变化，教育一定要跟上这种变化，才能够获得进一步的发展；三是明确"学"的重要性，在上海的教育改革中，学习是核心概念，关注学习其实就是真正的"回归基础"；四是制定一套协调而全面的改革方案；五是有一个有能力、权威的行政中心；六是组织高利害的公开考试；七是有相关的行政问责、社会问责和专业问责制度。

此前芬兰始终在PISA测试中名列前茅。芬兰教育成功的经验主要有以下几点：一是恪守几十年前确立的"让所有儿童进入综合学校学习以获得最佳利益"这一承诺；二是建立支持所有学生都达到高水平的文化氛围；三是教师和校长的素质很重要；四是有以专业问责为主的问责模式；五是减少教育管理的中间部门，将有限的教育经费直接用到学校和班级上；六是教师的培训由大学负责，培训的年限更长，重点学习如何满足差异巨大的学习者的不同需求,让他们能够健康成长;七是建立普通综合学校;八是芬兰教育的发展始终和经济、社会结构保持紧密一致。

日本教育成功的经验主要有:一是将学生和教育事业的发展看成国家未来发展的关键;二是细致入微地学习、借鉴和坚持不懈地赶超世界上最先进的国家;三是学生很小的时候就知道要努力读书,发愤读书,相信学习成绩来自努力而非天资;四是课程少而精,在认知上具有挑战性,循序渐进;五是教学组织很有特色,大班化的教学,各种见解的碰撞和交流,成为日本教育取得成功的"秘密武器";六是学生根据就读的学校来争取相应的工作,有整套的帮助学生从学校走向职场和社会的机制;七是对道德的重视关乎社会的方方面面;八是通过各种形式来问责。

新加坡的教育,用李光耀的话说,是在一代人的时间里,实现了从第三世界向第一世界的转变。新加坡教育成功的经验主要有以下几点:一是积极向他国学习,有以面向未来为导向的愿景和领导力;二是精英的政治价值观保证了国家教育系统的设计与经济发展目标相一致;三是在教育系统中有一个能干的且具有合法性的权威部门,保证教育系统和内部组成的一致性;四是有清晰且雄心勃勃的目标,严格、专注和一致的标准,具有高利害的考试门槛;五是课程、教学和评价都和课程标准相匹配;六是有高水平的校长和教师队伍;七是问责制度。

加拿大没有国家层面的教育部门,十个省和三个地区均有各自的教育策略,但自 21 世纪以来它的 PISA 测试的成绩也明显好于美国。加拿大的教育经验主要有以下几点:一是重视教育和儿童,对全体学生的优秀成绩给予文化支持;二是在省的层面上拥有一个具有相应权威和合法性的指挥中心,来保持教育系统的协调和一致性;三是教师和校长的素质很重要;四是强调专业问责;五是让教育成为更大策略的一部分。

○ 如何建设高效的教育体制

在总结上述五个地域的教育经验的基础上,作者将一个高效的国家教育体制定义为：在这个体制中，最好的学生取得的成就是世界一流的，而较差的学生排名也不会比最好的差到哪里去，并且收获这些成果所花的费用远低于那些投入很大的教育体制。

要建立高效的教育体制，需要做好以下几方面的事情。

第一，把那些最优秀的教育体制作为标杆来学习。美国曾经是世界上最乐于向别国学习的国家之一，美国当前的教育体制形态，就是向先进国家学习的结果。新加坡是全世界最坚定且最有原则地学习他国经验的国家，芬兰也一直在发展自己的教育政策时研究成绩最好的国家的经验，并从中分得了一杯羹。

第二，教育体制的设计要以提升质量为目标。要制定一套在关键转折点设立门槛的制度，借助考试和评价督促学校和学生达标；要提升校长的专业水准，对校长应具有哪些素养给出清晰定义；要提升教师的素质。

第三，教育体制的设计要以促进教育公平为目标。政府要进一步加大对教育的投入，通过差异分配，保障不同类型的学生都能够取得高成绩；谨慎对待学生的分流和分轨；给每一个年级的学生设置相应的标准，使得绝大多数学生都能够在每一个年级达标。

第四，教育体制的设计要以提升教育效能为目标。拥有高效教育体制的国家一直在朝着德鲁克（Peter F. Drucker）提出的管理范式前进；要建立新型的问责制度，从强调垂直问责转向强调横向问责，通过得到同事认同的专业规范来驱动；要激发学生的学习动机；要注重从学校到社会的过渡；要有一个强有力的领导核心；要注重体系内部的协调性、一致性。

美国人对世界各国的点滴变化非常敏感，并仔细加以研究，思考如何借鉴到自身的教育体制之中。20世纪苏联的卫星上天是如此，中国上海PISA测试结果获得全球第一也是如此。这或许是他们的教育一直领先于全球并能有力地支撑国家科技创新的重要缘由吧。

芬兰教育成功的秘密

芬兰教育因为在各种国际教育测量和评价中的不俗表现,成为世界各国关注的焦点,那么芬兰是如何做到的?芬兰的教育道路有什么与众不同之处?

◎ 全球教育改革运动的趋势和困难

从20世纪80年代起,全球教育改革运动至少出现了五种不同的教育政策与改革趋势。

一是教育标准化。教育决策者从国家层面制定规范、详细而且目标宏大的课程大纲,将各种标准植入学生和教师的教育生活中,并频繁地要求学生与教师接受测验和评价。标准化教育承诺了良好的教育效率与质量,因而得以在政治与教育专业领域中获得广泛地接纳,成为教育改革的基础意识形态。但学习是非常个性化的事情,教学也是教师最富有个性化的劳动,太执着于对标准的把握,可能会导致学生和教师个性的丧失。

二是核心科目的比重提升。在各种国际教育测量和评价的推动作用下,阅读、数学和科学学科的表现成为判断学生、教师、学校以及整个教育体系成功与否的主要依据。其中也有问题,提升核心科目的比重意味着削弱其他科目,但核心科目培养的能力能在多大程度上反映学生拥有了面对未来世界所需要的能力?

三是基于课程标准的教学。教育决策者将学生课业负担过重的原因归结为,教师没有按照课程标准教学,超出课程标准的教学内容过多,因此基于课程标准的教学成为教育改革的一项重要举措。问题是课程标准仅仅规定了课程的底线,是上不封顶、下要保底的设计,又该如何界定教学"超出标准"?

四是完全依赖外部改革经验。芬兰、美国和加拿大等国家教育改革的经验和举措,被一些国家不加鉴别地拿来使用;自己本土其他区域和学校的教育成果,也在行政长官一声令下被照搬照学。不顾自己的独特文化和传统而吸收外来经验的话,必然导致学校和教师以古为镜、见贤思齐的能力丧失,而这种传承和借鉴,是教育最为重要的两种特质。

五是采用高风险测试的教育管理政策。频繁地组织各种高风险的教育测试,以测试成绩的高低来评判教育的质量高低,来决定教师薪酬的高低,来衡量学生学习能力的高低。高风险测试下的学习环境会导致数种结果,包括让教育沦陷至规避风险、无趣与恐惧中,严重窄化教育的意义和内容,进而牺牲学生对社会研究、艺术、运动和音乐的关注,也影响整体人格的发展。

○ 芬兰的教育改革之路

芬兰在教育改革的过程中,坚持见贤思齐,学习和借鉴他国教育改革的成功经验,但不照搬照抄,而是依据自身国度的文化传统,选择了一条与世界各国教育改革运动完全不同的道路,并最终取得了成功。

和上述全球教育改革运动的五个趋势相比,芬兰的不同之处表现在:第一,不推崇标准化的教育,而是突出量身定做的教育和学习。国家不设置明晰的课程标准,而是为校本课程设置清晰且有弹性的国家框架,鼓励各地和各校自行构思达成国家教育目标的方式,为每一个学生找到适合自己的最好的学习方式。第二,不仅关注对核心科目的学习,更关注人格、道德特质、创意、知识与技能的全方位发展，发展出深邃、广泛且平等的教学风格。第三，没有统一的教学要求，鼓励以学校和教师为基础，寻找崭新的教育教学方法；鼓励教与学中的冒险、创新精神。第四，尊重本土既有的教育政策，关注政策前后的连贯性和一致性。尊重教师在教学方法上的传统价值，呵护教师的专业职责与和谐的师生关系。第五，在教育体系中逐渐建立起责任与信任文化，看重教师和校长的专业能力，相信他们可以做出对学生最好的选择。鼓励各校积极建构良好的学习环境，规划良好的教育内容，以期能够指引学生实现更多的学习目标。

芬兰这种与国际主流教育改革趋势明显不同，但又取得了巨大成功的教育改革道路，被称为"芬兰道路"。这是一条专业与民主的路径，也是由底层而生、由上层掌舵的改善之道。它提供了各种协助，也关怀系统旁侧的各种压力。在"芬兰道路"中，教师仰赖经验、证据与专业知识，自行设计各种高标准的学习目标，并且努力追求这些目标。"芬兰道路"已经向世人证明，有创意的课程、有自主性的教师、鼓励人心的教育领导以及杰出的教育表现，这四者密不可分。

教师是芬兰教育成功的关键因素。教师在芬兰的地位很高，芬兰对教师的培养也极其严格。每年申请大学师范专业课程的学生只有大约10%会被录取，这保证了进入师范专业学习的学生的整体素质。小学教师需要有3年的本科和2年的硕士学习经历，中学教师则需要有5年的专业学习和1年的教师培训经历，并通过教师资格考试，才能申请高中教师职位。芬兰教师教育的一大指导思想就是，把教师视为"基于研究的职业"，着力培养教师的研究能力，包括学科教学的能力、学生学习和生活指导的能力、课程建设的能力、教育评估的能力等，以便保证每一个教师都具有很强的专业知识和教学能力。

在教育界，信任文化意味着教育部门对教师有着充分的信任。他们相信雇用的教师是最优秀的，教师能够为下一代提供最好的教育。学校对学生的学习负责，而教育行政部门对学校负责。这对教师的教学和学生的学习带来了重大的积极影响。

◯ 芬兰教育的几点启示

作者萨尔伯格（Pasi Sahlberg）在《芬兰道路：世界可以从芬兰教育改革中学到什么》中讲述了芬兰教育的三个悖论，很值得我们思考。

第一，教得愈少，学得愈多。美国教师每周上课的平均时间是芬兰教师的两倍，但PISA测试的结果显示，美国学生的学习表现比芬兰学生要差很多。不仅上课时间少，芬兰学生花在家庭作业上的时间也少于其他国家。众多教育测量的数据表明，教师授课的时间长短与学生学习表现之间没有任何明显的关联。

教师把大量的时间用在授课上，必然会减少在其他方面的时间。除了授课之外，芬兰教师还有很多责任。比如，评估学生的成绩和整体发展，持续准备、发展独特的学校课程，参与制作各种关于学生健康或者适宜生活的计划，协助任何需要额外帮助的学生等。换句话说，当其他国家的教师忙于授课时，芬兰的教师则致力于改善教育环境并且参与社群运作。

第二，考得愈少，学得愈多。在芬兰，只有一项高风险的考试，即大学入学考试。在整个基础教育阶段，对学生评估的权利全部交给学校和教师。而且在不少年级，分数是法律明令禁止的，只能使用描述性评估和反馈，教师通过日常课堂测验对学生进行成绩评估是常有的事。

举行标准化测验不是改善教育质量的绝对条件。如果考试的成本极高，或者让教师和学校必须背负教育成果不良的恶名，相对应的问题就会随之而来。教师若身处在高风险测试的环境下，就必须根据测试重新设计教学方法，提高考试科目的优先性，让教育沦为压榨学生脑力、强迫学生记忆的工具，而不是让学生理解知识。

第三，愈是多元，愈显平等。在芬兰的教室里，教师会依据学生不同的能力、兴趣和族群特质授课，也会有助教协助相关事宜。而为所有人提供平等的教育机会，则是芬兰学校改革的主要政策原则。

芬兰人明白，不平等会导致各种社会问题出现，如暴力犯罪盛行、社会信任度降低、儿童生活质量下降和教育水平降低等。因此芬兰人特别重视每一所学校的均衡发展，力求在学生的福利政策、教师的培训和专业提升等各方面促进教育公平。通过保持社会的平等特质，让芬兰教育体系成为全球最平等的教育系统。

萨尔伯格在书中特别指出，现在是追求速成的年代，但教育需要有迥然不同的心态。教育改革是复杂且缓慢的过程，任何人如果想要加快教改进程，就必然摧毁这一过程。芬兰各种影响现有教育体制的成果，其实都是20世纪90年代的教育政策与教改方案的成果，而非近年来的教育改革方案。

实现大规模个性化学习的路径

迈克尔·富兰（Michael Fullan）等人撰写的《突破》一书告诉我们，只要我们能够成功地建立起个人化的、持续的、以数据驱动的、有的放矢的日常教学程序和做法，在现有的学校制度下实现大规模的个性化学习是有可能的。

◯ 以道德为核心

迈克尔·富兰等人认为，要实现学校教育的变革，必须坚持以道德为核心。只有当道德目标与可操作的、有效力的策略结合起来的时候，学校的教育改革才有可能取得突破。

依据教育的道德目标，迈克尔·富兰等人确立了以下四条没有商讨余地的教育信念。

第一条，如果被给予足够的时间和支持，所有学生都可以达到高标准。

第二条，如果被给予适当的条件和正确的协助，所有教师都可以实现高标准教学。

第三条，高期望值和早期干预措施至关重要。

第四条，教师需要不断学习，需要能够清晰地陈述他们做什么和为什么这么做。

学校和教师上下一致的教育信念，对学生的成长和学校的发展至关重要。从一个学生成长的角度来说，如果某个教师给予了他很高的期待，而别的教师则认为这个学生百无一用，该生就不可能从这种高期待中获得进取的动力，还可能会认为这位教师比较虚伪。一个班级的发展、一个年级的成长、一所学校的成功，都需要上下一致的教育信念和道德基础。

每个学生都有可能达到高标准，而让其将这种可能性变成现实的路径是：给予他高期待；在他起步的阶段就加强监测和早期干预，以便让其始终走在正确的道路上；在学习上给予他足够的时间；对他的每一次成功给予恰如其分的鼓励……把握住成长过程的每一阶段，才能让学生达到高标准。

每个教师都有可能成为专家型人才，而让教师达到这一境界的路径是：教师自身要有不断学习的内驱力；在培养学生成长的过程中不断发现学生成长的内在机制，并加以总结、提炼；学校为教师的成长创造必要的外部条件，搭建互动交流的平台；有计划、有目的地组织相关的培训活动，帮助教师补上自身发展的短板。

◎ 学校教育改革的三个核心要素

迈克尔·富兰等人在深入研究了大量的教学案例之后认为，今天的学校教育改革有三个核心要素，分别是个人化教学、精确化教学和专业学习。教育改革要想取得成功，以上三者必须同时发挥作用。将这三个核心要素黏合在一起的是教育的道德目标——教育为了一切学生，在缩小学生差距的同时提高学生整体的达标率。只有这三个核心要素同时发挥作用，突破才有可能发生。

个人化教学是指在任何时刻都将每一个学生放在中心，根据他们每个人的学习能力和学习动机，提供量体裁衣的教学。个人化教学重在为学生提供可选择的、符合学习经历的学习内容，以此来激发学生的学习兴趣，让学生主动地、自主性地开展学习，获得深刻的认知体验。令人兴奋的学习经历会使学生专心学习，并产生持续学习的动力。

精确化教学服务于个人化教学，是个体的学习需要。教师在教学过程中要精确地知道学生基础的特点、差别，知道什么是合适的指导，在什么时候使用什么方法，怎样使用相应的方法和策略；学生在学习过程中，要明确学习任务的标准，以及自己在学习过程中的达标情况。而要做到这一点，建立起一个教学数据系统显得非常重要。

如果教师每日不进行个体和集体的学习，个人化教学和精确化教学就不可能实现。目前的教师培训，为教师提供的学习机会不能说不多，但很多教师在学习之后自身的教育教学行为并没有多大改善。原因何在？主要就是这样的学习是缺乏系统的、零散的，没有和教师的课堂教学实践有机地结合起来。用专业学习概念来替代业务培训，将专业学习的场所前置到学科课堂教学中来，让教师身临其境地开展学习活动，在学习过程中关注个性化教学、精确化教学是如何被运用的，是促进教师有效学习的路径。

好的课堂教学应具有以下特质：

第一，有一套有力的评估工具，这套工具与每堂课的学习目的相配套。它使教师每日获得有关每个学生进步的、准确的和综合的信息。这套工具的管理使用不会过度干扰正常的课堂秩序。

第二，有一个不用太多时间而又能捕捉到过程的评估数据的方法。这个方法能自动分析数据，并把数据转换成可有效推动教学的信息，使教师很快即可做出教学方案，而无须等到将来。

第三，有一种使用每个学生的评估信息来设计并实施个人化教学的措施。为教学而评估成为提高教学精确性的策略。

第四，有一套嵌入的手段来监测和管理学习，测试哪些方法能有效地、系统地提高课堂教学的效果，从而使之更加精确地应对教室中每个学生的学习需求。

迈克尔·富兰等人坚信，如果课堂教学能够同时拥有以上四种特质，将大幅提高学生的学习能力和水平。

◎ 建立关键学习指导路径

迈克尔·富兰等人认为，需要在学校系统构建起一个关键学习指导路径（Critical Learning Instructional Paths，缩写为 CLIP），将其作为一个工具服务于教师，帮助教师做出具体的、日常的教学决定。

CLIP 特别强调对学生学习路径的描述。它关心在学习过程中，学生是如何行进的，以及在不同阶段中个体和全体的差异。在《突破》这本书中，作者以学生的阅读行为为例，描绘出了儿童阅读学习典型途径的六个发展阶段。有了这样的描绘，教师就可以知道每一个学生在某一个时间段里的阅读状态，可以有针对性地予以指导，使个性化教学真正落到实处。

CLIP 设置了一个教学循环系统，包括学前测试、创建学习档案、日常教学、学后测试和更新学生档案等若干个环节，以保证每节课的教学都是根据学习者的实际情况而展开的。

学生的学习档案非常重要，这是使用数据推动教学的关键。学前测试的数据，可以让教师非常清晰地了解每个学生的强项和弱项，判定每个学生处于发展的哪一个阶段。这些工作是教师因材施教的基础。在教学过程中因为有了学前测试的数据，教师可以事先预判哪些学生在某些学习环节会有学习上的困难，能够有针对性地开展课中辅导，帮助学生渡过难关。课后的测试能够让学生和教师对学习状况做出评判，并厘定下一步的学习计划或教学计划。数据的记录要及时，这样学生的学习路径就能一目了然，也有利于家长及时了解孩子的学习状况，配合学校开展辅导工作。

小组学习是课堂教学组织的基本形态。在这样的学习形态下，教师才有可能具体指导学生，并且保证每周的时间里每个学生都能被指导到。教师只有通过对每个学生的具体指导，才能把握他的学习状况，并做出准确的档案记录。

数字时代的创造力培养

克拉夫特（Anna Craft）是英国埃克塞特大学与开放大学的教授，她仔细研究了当今的学校教育与创造力培养之间的关系，在《创造力和教育的未来：数字时代的学习》一书中，提醒我们要关注数字科技给今天的儿童和青少年带来的影响。正确认识当今儿童和青少年的生活特征，是教育领域创造力培养的基础。

○ 人们对创造力的认识

过去，创造力被认为是一种天赋的灵感，是一种与生俱来的才能。一直到19世纪，随着心理科学的诞生，人们对创造力才有了更多的关注。今天，创造力已经被全世界认同，并贯穿于科学、艺术以及日常生活中的方方面面。但其中有一些问题，我们似乎还没有理清。

第一，创造力的解放首先需要精神的自由和解放。在谈到创造力的培养时，从教育决策层到基层教师，常常把它看作一个技术问题，如课程、教学如何改进，如何培养"拔尖创新人才"，等等。

第二，对创造力的理解必须放在独有的文化背景当中。普遍的、放之四海而皆准的创造力概念逐渐受到质疑，因为各地的经济状况不同、社会特征存在差异，以及对技术的掌握和理解程度不同，人们对创造力的理解也是各不相同的。

第三，创造力需要合作，而不是一个单独的过程和事件。在学校课程的学习中，像伽利略（Galileo）、牛顿、门捷列夫等科学家，给人们留下科学创造是个人的独特行为这样一种深刻的印象。这在20世纪以前确实如此，但在今天，创新项目通常需要庞大的团队通力合作才能实现。

◯ 处于数字时代的儿童的生活特征

如前所述，创造力与人们所处的文化背景有着很大的关系。要培养学生的创造力，必须研究处于数字时代的儿童的生活特征。克拉夫特总结了处于数字时代的儿童有以下四个方面的生活特征。

第一，多样性。

从最初书写用的作业本到现在的笔记本电脑，工具的转变给孩子带来的绝不仅仅是作业处理方式的变化。现在的孩子既可以通过电脑完成他们的功课，也可以同时聆听或者下载音乐、浏览社交网站、编辑视频材料并上传到网站上，还可以搜索新闻、了解体育赛事的结果、给朋友发电子邮件、玩在线网络游戏……这些任务都能和功课同步进行。以前在同一个时间里只能做一件事情，现在可以同时做很多事情，这就是多样性最直观的体现。

多样性还体现在现代信息技术让儿童和青少年的娱乐活动和学习活动能够穿梭于现实与虚拟之间，使得学习和交往的地点和环境更加具有多样性，同时导致了社会交往人员的多样性；在虚拟世界里，一个人可以在不同环境里扮演不同角色，造成了个人身份的多样性；一部移动电话可以实现多种功能，使得文化、娱乐、学习和工作等各项活动都可以整合在一起，以此实现活动的多样性。由此带来的，自然还有文化的多样性。

第二，可能性。

在每一个多样性的背后，都潜藏着持续不断的多种可能性。这在以下四个方面表现得尤为突出：广泛而自由选择的可能性，与他人一起进行可能性思维的可能性，学中做和做中学的可能性，实现想法的可能性。

虚拟环境与现实活动的结合，为儿童和青少年广泛而自由的选择带来了极大的可能性。这种可能性更多地产生于"对话空间"，一个人可以在全世界范围内建立自己的人际圈。借助移动通信设备，儿童和青少年可以通过游戏、社交网络与他人一起对可能性思维进行锻炼，由此带来一系列不一样的思考。数字环境同时也为孩子创设了一个能够产生并发展各种观点、想法并实施计划的空间，一个允许犯错但能够从中学习的空间，一个会有多种原创内容产生的空间，这为学中做和做中学提供了多种可能性。数字技术和网络环境给予我们与更多的人一同思考的机会，这让我们有可能更清楚地认识自己的想法，并实现自己的想法。

第三，娱乐性。

在互联网上，儿童与青少年能够通过网络游戏、社交网站以及原创内容的生成来进行自我建构，并积累虚拟世界的经验。对活跃的网络用户而言，他们的网络空间是和现实生活紧密相连的，网络空间成了一个融入丰富情感和人际关系的娱乐世界，是现实生活的一个延伸。

这样无处不在的娱乐性有一个很重要的特征，那就是它与消费主义的联系。在数字世界中，儿童和青少年是活跃的消费者。使用网络搜索电影、音乐、体育明星和电视节目，搜索大学的信息以权衡是否报名，上网购物……最近这几年，娱乐性和消费主义体现得更为突出了。

第四，参与性。

数字科技从三个方面促进了儿童和青少年的参与性。一是想象力的参与。数字科技提供了丰富的场景，让儿童和青少年能够通过媒体发展出丰富的想法并传达出来。二是娱乐性的共同参与。科技让交流变得更容易，让儿童与青少年更容易获得社会经验，并且与他人一起共享这些经验。因为这些交流，数字鸿沟在全球范围内逐渐被填平。三是产生文化产品。这为观点、态度和经历的产生与分享提供了开放性的诸多机会，使得游戏、工作、思考、解释以及表现可以公之于众，儿童和青少年也可以参与其中，因而促进了文化产品的创作。

◎ 处于十字路口的教育

克拉夫特认为，今天的教育正处在十字路口。我们可以选择继承过去的教育传统，强调年级的严格划分、面对面的学校教育以及标准化的评估系统和奖励机制；又或者我们可以选择数字科技给教育开辟的新道路，用对话、合作的方式，共建教育的新未来。

外在机会的多样性以及自身潜力的可能性构成了一种强大的张力，推动教育工作者必须认清自己与儿童和青少年的关系。多样性和娱乐性强调交流和投入，充满诱惑，充满刺激，不论是独自钻研还是与人同乐，均注重儿童和青少年在教室以外的趣味学习。这些都是和学校教育有冲突的。参与性和可能性则给教育工作者提供了指南针，指引着创造性的未来。这给教育工作者带来了一系列要思考的问题：是什么促使儿童和青少年投入不断拓展的娱乐方式中呢？电子游戏和社交网站是如何在市场规律的推动下进入他们的生活的呢？面对学生，我们的首要任务是什么？是放宽自由，还是防止危险？

今天的教育工作者面临三个基本挑战。挑战之一是明确教育要传递的主要信息。教育的内容应该是什么？设置这些内容的目的是培养理解力，还是创造力？或是两者都重要？挑战之二是明确教育的主人公，即明确教育的基本内容是为谁所设。教育是所有人的事情，同伴合作则是创造性的教育未来发展的一个关键。挑战之三是，教育在各种正式与非正式的模糊性当中，如何支持创造性的教育未来？

最大的挑战或许在于，如何寻找恰当的方法来对教育进行创造性的改革，并清醒地认识到哪些因素会影响到教育，哪些人会从教育中受益，以及如何保持教育的终极价值。创造性的教育未来，必然涉及儿童和青少年生活中无处不在的多样性、可能性、娱乐性和参与性。

教育如何应对大数据时代的挑战

随着移动带宽的迅速提升,云计算、物联网应用更加丰富,更多的传感设备、移动终端接入网络,由此产生的数据及数据的增长速度比历史上任何时期都要多,都要快。一个大数据的时代不经意间顺理成章地翩然而至。

○ 什么是大数据

《大数据时代:生活、工作与思维的大变革》的作者维克托·迈尔－舍恩伯格(Viktor Mayer-Schönberger),是最早洞见大数据时代发展趋势的数据科学家之一。他用"三大转变"描述了大数据的特性。

转变之一:在大数据时代,我们可以分析更多的数据,甚至可以处理和某个特别现象相关的所有数据,而不再依赖于随机采样。

转变之二:由于有了更多的数据,我们可以接受更多的混杂、更多数据上的不精确。如果研究的事物只有50个数据点,那么每一个数据点都必须非常精确;但如果我们有5000万个,去掉10个,甚至去掉1000个就没有太大问题。

转变之三:不再探求难以捉摸的因果关系,转而关注事物的相关关系。比如,在网上购买机票时,只要能获得最优惠的价格就够了,不需要知道为什么此时价格最低。

◎ 大数据带来的变化

大数据从根本上改变着我们认识世界和改变世界的方式。很多传统的习惯将被颠覆，很多旧的制度将面临挑战。举例来说。

第一，科学探究的思路和方式受到挑战。

科学探究的基本路径是：发现问题→提出假设→制定方案→实践探究→分析数据→得出结论。

之所以会梳理出这样一个探究路径，与我们对问题知晓的信息过少有关。就如同盲人摸象，在试图从自己探知的这一点来了解整个大象的形象时，基本路径就是猜想和假设，以及建立在假设基础上的实践探究。

利用测量获得的点滴数据，从一个局部来推测世界是怎样的，这是科学探究的基本思路和方式。长期以来，我们总是通过这样的方式来认识世界，对其有宗教般的信仰。科学研究者坚定不移地沿着这条道路前行，学校教育也将其作为科学研究的基本规范来传授。

在大数据时代，这样的研究方式受到了极大的挑战。举个事例来说，关于手机辐射能否致癌这个问题，无论我们的假设如何，实验的设计都很难进行。首先，样本选择过少，没有统计学上的意义；其次，不能拿人来做研究；最后，短时间的研究很难观察到变化。有了大数据之后，这一难题就有了解决的可能。丹麦拥有自1985年手机推出以来所有手机用户的数据库。他们据此分析了1990年至2007年手机用户的数据，还收集了这一期间医院所有癌症患者的数据，然后分析手机用户是否比非手机用户有更高的癌症发病率。结果表明，使用手机和癌症风险增加之间不存在任何关系。2011年10月，这一研究结果发表在《英国医学杂志》上。

在获得了大量数据，能够对事物的整体进行全面认识之后，假想就没有意义了，我们可以直接根据全面的数据得出结论。

第二，传统的思维习惯受到挑战。

因果关系思维，是人们在生活中使用最为普遍的一种思维方式。即使看上去没有关系的事情，人们也总是习惯从因果的角度去理解它。比如说，1885年7月6日，巴斯德（Louis Pasteur）接诊了一个被带有狂犬病毒的狗咬伤的孩子。他把自己刚研制出来的狂犬疫苗给孩子注射，结果孩子活下来了。巴斯德的这一举措，使得人们在狂犬疫苗和孩子的生存之间建立起了一个因果关系。但事实真是如此吗？维克托在书中说，人被带有狂犬病毒的狗咬伤后患上狂犬病的概率只有七分之一，就算没有狂犬疫苗，这个孩子活下来的概率还是有85%。

在哲学界，关于因果关系的争论也持续了好几个世纪。争论的焦点在于：如果因果关系是普遍存在的，每一个果都有一个因和它相对应，世界上的所有事情都有因果的话，我们就没有决定任何事情的自由了。尽管哲学领域的争论很热烈，但并不妨碍人们在日常生活中通过因果关系来思考问题。

在大数据时代，相关关系比因果关系更重要。2009年甲型H1N1流感发生之后，美国的卫生系统极力想从因果关系上找到流感的源头，但信息反馈的速度太慢，专家们束手无策。谷歌公司做出了快速反应，把5000万条美国人最频繁检索的词条和美国疾控中心在2003年至2008年间季节性流感传播时期的数据做比较，研究特定检索词条的频繁使用与流感在时间和空间上的传播之间的联系，很快就确定了流感是从哪个地方传播出来的。谷歌采取的就是相关关系分析的方法。

第三，数据化比数字化更加重要。

一个学生在数学测验中得了75分，这是一个"数字"；如果能够把这75分背后的因素，如学生的家庭背景、努力程度、学习态度、智力水平、教师教学效果等和这个75分联系在一起，就成了"数据"。数据是过程性和综合性的考虑，更能揭示出真实世界背后的逻辑关系。

把原本的纸质书本变成电子课本，装到电脑里让学生学习，这仅仅是做到了数字化。如果学生学习活动的各种信息能够被及时地加以记录和分析，并提供给教师作为备课、指导学生开展学习的依据，就能说是数据化。数据化是课程教学改革的核心，信息只有被数据化，其巨大的潜在价值才有可能被释放出来。

◎ 积极应对新挑战

大数据时代的来临，对教育的影响是巨大的。

教育内容要进行革新。大数据使得传统的因果思维方式、科学探究方式不再独霸天下，教育内容也应随之做出调整，以便学生走上社会时有足够的能力迎接挑战。

教学方式要进行革新。过去，教学没有大量数据作为支撑，全凭教师自己跟着感觉走。在大数据时代，教师可以获得比以往丰富得多的教学信息和学生自主学习的信息，这些数据有助于教师改进教学、确定教学重点。这必然导致教师教学方式的变革。

学习路径会发生变化。过去，解决一个生物学难题的关键在于多认识几位生物学家；现在，从相关性的角度出发，一个生物学难题的解决，或许与天体物理学家或者数据视图设计师联系就可以实现。

防止对数据的痴迷。一方面，我们要研究学校长期以来储存下来的大量数据，积累学校每天的教育数据，为进入大数据时代做好充分的思想准备。同时，唤醒学校里沉睡的数据，让其在学校管理和教师教学中发挥更大的作用。另一方面，要防止对数据的痴迷。不能仅仅为了收集数据而收集数据，要在数据如何全面反映学生的能力、全面反映教师的教学质量等方面做出实践和探索。

未来十年，将是大数据引领下的智慧科技时代，不管你是否意识到它的存在，大数据都将越来越快地改变我们这个时代，包括我们的生活方式。

可汗学院的奥秘

一个好教师在自己力所能及的范围内,可以让多少人同时受益?

2011年,萨尔曼·可汗(Salman Khan)凭借简单的教具、一款普通软件实现了5400万学生同时在网上开展学习。他在《翻转课堂的可汗学院:互联时代的教育革命》一书中,分析了当前教育各方面存在的缺陷和落后之处,提出了改革当下教育、实现教育公平与高效的新主张。

在理解萨尔曼·可汗所做的工作时,把握下面几个关键概念很重要。

○ 精熟教学法

所谓"精熟教学法",简单地说是指学生在进入更高难度的学习阶段之前,应充分理解之前学习的概念。萨尔曼·可汗将此作为可汗学院、翻转课堂的重要教育信念,是基于以下几个方面的思考。

首先,从生理的角度看,学习是组成大脑的神经细胞发生一系列变化的过程。进入大脑的信息越是准确、清晰,就越容易和已有的知识建立联系。具有广泛联系的知识越多,大脑提取和运用知识的机会也就越多,这可以促进学生从不同角度理解和认识问题,也有助于提升学生运用知识的能力和水平。

其次,从学习的过程看,即使一名学生在测试中做对了95%的试题,获得了班级的第一名,仍有5%的知识点没有掌握。这些没掌握的学习内容很有可能成为他今后学习的障碍,并在后续学习的某一阶段表现出来。

最后,从对学生的期望看,现有的学习评价对学生的学习缺少高期待。学生在考试中获得了60分的及格分,就不用补考了,学生会因此而如释重负,教师或许也会因为不需要另出一套补考试卷而感到轻松。学习中很多没有搞明白的知识和问题,会被这60分掩盖。很多学生之所以成为"学困生",就是因为这些问题长期积累导致的。

精熟教学法背后的信念是:只要教学条件能够满足学生需要,那么所有学生都能掌握知识,任何学生都不会掉队或成绩不佳。

○ 可汗学院

通过对学校教育的作用、学习是如何发生的以及精熟教学法的深入研究,萨尔曼·可汗得到两个最重要的认知:其一,课程的进度应按照每个学生的不同需求来制定,而不是人为规定一个统一的进度;其二,学生如果想要掌握更高难度的知识,就必须深入理解最为基本的概念。

中小学生能集中注意力进行学习的时长大约为10分钟,萨尔曼·可汗就在拍摄教学视频时,将视频长度限制为10分钟。每节课40分钟的授课时间,其实有相当长的时间是被浪费掉的。

萨尔曼·可汗认为,如果学生能够集中注意力在学习上,每天学习时间有一两个小时就够了,没有必要整天坐在教室里。就是在这一两个小时的时间内,学生也不是完全盯着电脑屏幕,还要留出时间和同学互相讨论,或和老师一对一交流。那么,空出的这些时间干什么?可以开展各种实践的、艺术的、体育的活动,让他们从中感受快乐。

在教学设施的配备上,没有必要每人都准备一台电脑。因为学生学习一两个小时就够了,班级里不同的学生可以错时学习,在相同的时间里做不同的事情,由不同的教师进行更具针对性的指导,从而使得教学设施的使用率得到提升。

如何判断学生是否掌握了某一知识点?萨尔曼·可汗的办法是:给

学生提供关于这一知识点的题库，用电脑随机给学生出题，如果学生能够"连续答对10道题目"，就认为他掌握了这一知识点。在学生心目中，连续答对10道题是件很困难的事，当他们发现自己可以做到时，便能体会到一种成就感，自信心和自尊心也会得到大幅提升，进而对更高难度的挑战充满期待。

为了让技术助推学生学习，萨尔曼·可汗做了多方面的探索。比如说，将电脑的"黑板"界面定义为黑色，让其和学校里真实的黑板相统一；录制教学视频时，授课者不在视频中露脸，让学生的精力集中在视频中所讲的内容上；给学生提供知识结构的图示，让他知道今天学习的知识后续会和哪些知识相关联；在为每一个知识点提供教学视频、帮助学生解惑的同时，配置监测学习成果的题库；在后台研发记录和分析数据的软件，尽可能记录学生学习的各种信息，真实了解学生在学习中的困难和瓶颈，让一对一的辅导成为可能；让软件工程师坐在教室中仔细观察学生使用软件时的情况，以及对不同软件做出的反馈，不断做出改进……

在萨尔曼·可汗举办的一个暑期课程班里，一个名叫玛赛拉的七年级女生变化惊人。她原来在班级里成绩排名垫底，在暑期班里学习三周后能理解的数学概念也不及其他人的一半。更糟糕的是，她把大量时间都用在了理解负数的加减法上，遇到了障碍，怎么也跨越不过去。但有一天她突然顿悟，掌握了负数的加减法。从那之后，她比班里的任何人进步都快，暑期课程结束时，已经成为班级里排名第二的学生，她自己也在课程学习中实现了从困惑、害羞到自信的转变。这个案例充分印证了萨尔曼·可汗的"两个最重要的认知"，也提醒我们"学困生"的转变可能并非如我们所想象的需要漫长的时间，找到问题的关键，就可以让学生在短时间内发生脱胎换骨的变化！

◎ 翻转课堂

如何提升课堂教学效率？现有的探究主要有三种途径：一是分层递

进，根据学生的实际情况设计不同的学习任务，让学生拾级而上；二是先学后教，让学生真正成为课堂的主人；三是小班化教学，通过减少班级人数，让老师关照到每一个学生。其共同的前提是，都在现行的班级授课制的框架下做文章，这使得有一些问题依然无法解决。

比如说，课堂节奏是由教师掌控的，而且这个节奏是单一的。课堂节奏的单一带来学习步调的一致。学生总是在规定时间进入下一部分内容，不管是否真正理解此前的内容。再比如说，教师在传授知识的过程中讲解得太快，很多原本相互关联的概念被人为地分到了不同单元、不同学科，导致学生只是学到了一些术语和解题过程，无法真正理解其精髓等。

翻转课堂翻转了什么？首先，从学习时间的安排上看，改变现有的一节课固定时长的教育制度，让学生决定自己的学习时间；改变教导处统一安排的分科课程表，让更多的学科交融在一起，促进知识之间的融会贯通。其次，从学习流程看，改变教师在课堂上先讲解学习内容，学生课后巩固、回家做作业的惯性做法，让学生提前开始学习，在课堂上与教师和同学一起解决疑问，在遇到困难时及时得到教师和同学的帮助。最后，改变学习内容由教师统一规定的一刀切的做法，让学生自己决定学什么，自己决定什么时候学，学会为自己的学习过程负责。

这是对现有教学模式和教学体制的颠覆。萨尔曼·可汗通过自己的网上学习系统，通过在不同地域开设的暑期培训班，通过在硅谷地区的公办学校的课堂教学实践，用鲜活的事例证明，这样的颠覆更有利于学生学习。

作者在书中引用了泰戈尔（Rabindranath Tagore）的一句话："不要用自己的学识限制孩子，因为他出生在与你不同的时代。"

何为翻转课堂

《翻转课堂与慕课教学：一场正在到来的教育变革》的作者乔纳森·伯格曼（Jonathan Bergmann）和亚伦·萨姆（Aaron Sams），是美国科罗拉多州落基山的一所山区学校——林地公园高中的化学老师。为了帮助那些时常错过正常教学活动的学生学好化学，2007年春天，他们做出教学上的改变，将教学内容拍摄成视频，帮助缺席的学生。没想到这样的探索一发而不可收，不仅让自己和学生受益，也带动了众多学科的教师行动起来，由此引发了一场席卷全球中小学教育的教学探索——翻转课堂。

◯ 教育面临的困惑

大家都知道个性化教学的意义，但要让一位老师面对几十名甚至上百名学生开展个性化教学确实非常困难，在教学进度和学生个性发展的取舍问题上，老师其实办法不多。很多老师为了让不同特质的学生在课堂上都能学有所获，常采取"散弹教学法"，即在有限的时间里，讲授尽可能多的内容，期望能"打中"更多的学生，并让他们记住。

岂不知讲授的内容越多，老师关注学生的时间就越少，这样，老师会将大部分精力花在教学内容的完成以及教学进度的落实上，并对所有学生统一进度与要求。结果越是想着关注学生的个性化发展，越关注不到学生的个性化发展。

以下现象，我们经常见到：在课堂上，很多学生并没有做好上课的准备，但已经坐在教室里听课了；老师时常忽略学生对课程的准备情况，而逼迫他们跟上课程进度；学生经常孤立地完成一项学习目标，却看不到这个目标与其他关键主题之间的联系；所有学生都在同一天参加测试，不管所得的分数如何都将永远被记录在案……很多学生学会了在学校里混日子，却没有真正掌握学习的能力。

○ 翻转课堂的实践

教师在教学时，有两个意义深远的问题应该时常放在心上：是不是每个学生都在学习？如果不是，我们能做些什么来帮助他们学习？

伯格曼和萨姆是喜欢追问这两个问题的教师。为了帮助那些跟不上教学进度的学生，他们探索了一种新的方式——制作视频来帮助学生学习。后来，他们的教学方式也随之发生了变化：学生在课前通过视频学习，在课堂上通过互相讨论来澄清问题，通过做实验来探索现象或者验证猜想，通过完成作业来检验学习成效。这种有别于传统课堂教学形态的教学模式，被称为"翻转课堂"，伯格曼和萨姆也因此成为全球翻转课堂的先锋。

慕课的标志是视频，但翻转课堂不一定非要使用视频不可。一节课是否要用视频，需要教师根据教学目标的达成情况来判断，或许不用视频能更方便目标的实现。所有的翻转课堂都有一个共同点：将课堂的注意力从教师转移到学生和学习上。

翻转课堂的学习，有三个典型特点。

第一，学生个人或者学习小组以他们自己认为合适的速度开展学习。如果有教学视频，学生在什么时间看，就由学生自己来决定；在课堂上，不同小组和学生遇到的问题是不同的，教师指导的重点也不一样，就连做化学实验也不是全班分成若干小组同时开始做，而是小组根据自己的学习进度，各自独立地完成。每一个实验教师都需要讲很多次，每次面对的都是少数几个学生，教师由此可以洞察他们的学习状况，及时做出教学调整，确保教学的有效性和针对性。教师不停地在教室里来回巡视，特别关注那些需要帮助的学生，确保所有学生都在恰当的时候学会适宜的知识。

第二，教师有评估学生和衡量学生理解程度的系统标准。对于每一个知识点，教师都非常清楚学生学到什么程度算是掌握了，并能借助测量工具（比如一套作业题）来判断学生是否掌握了。教师就像全球定位系统，一旦学生的学习偏离了学习目标，教师立刻就能感受到，并"重新设计"路线，帮助学生回到正确的道路上。及时反馈可以将学生的很多问题消灭在萌芽状态。教学更像是交谈而不是讲课。学生来到课堂是为了继续学习，或者证明已经掌握了学习目标。

第三，学生通过总结性评估证明自己对课程目标的掌握程度。经过对一个单元、一个模块的学习后，要有一次总结性评估。伯格曼和萨姆给学生是否通过设置了一个标准：最低正确率达到75%及以上才算掌握了知识。与我们不同的是，达不到此要求的学生可以重新参加一次评估，达到此要求但希望有更高成绩的学生也可重新测试。测试的目的不是给学生排名，而是让学生明白自己掌握知识的情况。为了帮助学生学好知识，伯格曼和萨姆在每个单元都会给学生一个总纲，相当于学习地图，这是引导学生越过本单元的学习之路。

如果有视频，如何检查学生是否认真观看了呢？一个简单的方式就是让他们提问题，问题必须与视频有关，而且学生不知道答案。学生提的问题可以显露他们对知识的错误理解，教师可以从中知道哪些地方教得不够清晰。伯格曼和萨姆发现，这种提问题的方式让很多原本在课堂上缺少话语权的学生也有了表达的机会，大大促进了课堂讨论。

◎ 翻转课堂的优点

翻转课堂并不能保证原来不愿意学习的学生变得爱学习了。学生的学习、学校的教育都是复杂的系统工程，不是一招一式就能让其脱胎换骨的。但翻转课堂的优点还是很明显的。

优点一，让学生按照自身的节奏来学习。把录制好的教学视频挂在网上或者复制给学生，就是给予了学生暂停"老师"的能力和权利。有了这些，学生就可以根据自己的需求自由地调整学习节奏，或快或慢。在翻转课堂模式下，学生可以随时把"老师"暂停、重放，直到确保自己学会所有重要的概念。

优点二，让学生学会管理自己的时间。在翻转课堂模式下，教师对学生的授课指导常常异步进行，这使得差异化教学成为可能；课堂节奏对每名学生而言都恰到好处，学生也得到了个性化的教学指导。教学评价不是同时进行的，当学生自己感到掌握了该知识点的内容时，就可以对他进行独立评估。这对学生管理自己的时间提出了很高的要求；如果有演出、访学等任务，他就可以自主调整学习计划，保证学习不受影响。

优点三，让学生学会为自己的学习承担责任。学生在翻转课堂的学习中，会非常深刻地体会到，学习再也不是强加在他们自由之上的枷锁，更像是一种等待探索的挑战。学习是他们自己的事情，学习的责任在他们自己身上。教师在教会他们承担起学习责任的同时，也教会了他们人生中最有价值的一课——学会对自己的学习负责。

优点四，师生之间互动交流大大增加。翻转课堂使教师能够借助科技与学生增进交流，不仅师生之间，连学生之间的交流也大大增加了。学生会建立起自己的互助小组，在学习上互相帮助，而不再是单纯地依靠老师来学习知识。

最后，特别需要强调的是：翻转课堂不仅仅是形式上的改变，更重要的是在强调学生自主学习的同时，用省下来的课堂时间培养学生的分析、评价和创新等高级学习能力。

教育的本质与未来发展

《教育的对白——朱永新对话麦克法兰》一书，因2015年英国广播公司策划的纪录片《我们的孩子足够坚强吗？——中式学校》而生。作者就教育的本质、童年与阅读、家庭教育、素质教育、创新与未来等多个领域，以面对面的访谈和邮件等形式进行了深度的思维碰撞。读者从他们的对话当中，既能读出不同文化背景下教育观念上的差异，也能品出世界教育发展演变的共同脉络。

◎ 童年成长与家庭生活

除非迫不得已，家长很少会在孩子很小的时候就让其离开家庭，到学校过寄宿制的生活。但在英国，让孩子进入寄宿制的学校，过与家庭不一样的群体生活，是一种文化和传统。不过，在外显的教育途径差异的背后，却有着相同的教育信念：童年时期的成长经历与个体一生的幸福有着非常密切的联系。

有一句俗话说，"三岁看大，七岁看老"，这从一定程度上说明幼儿和童年时期的教育对孩子一生发展的重要意义。而这一成长阶段的教育主要是家庭教育。麦克法兰（Alan Macfarlane）自己也说，他现在的样子在8岁左右就基本呈现出来了，他的性格、兴趣和智力在12岁左右就基本形成了。

英国科学家在"二战"结束之后的1946年启动了一个大规模家庭养育研究项目。这项研究前后横跨5代人，涉及7万多个家庭，收集了海量的数据，并产生了超过6000篇的学术论文，在家庭教育方面也得出很多结论。比如说，家庭环境对孩子的成长影响重大。在贫困家庭中长大的孩子，他们在3岁的时候，在教育测试中就比富裕家庭的孩子落后一年。比如说，孩子从小拥有负责任、关心孩子的父母，孩子的成长之路就会更加宽广。孩子的成长并不完全取决于父母的受教育程度，更主要取决于父母对孩子的爱、关心和支持。比如说，父母应养成倾听孩子诉说、真切地回应他们的习惯；引导孩子养成按时作息等良好的生活习惯；指导孩子为快乐而阅读；指导孩子如何照顾自己，如何与他人友好相处，如何保持身心愉悦；等等。父母为孩子做的事情，与孩子今后有怎样的发展是直接相关的。

家庭和学校原本是各有分工的，各自承担不同的教育责任。家庭更多的是培养孩子的人格、道德和习惯，学校则以传授知识为主。但随着一些家长让孩子"居家求学"，以及获取各类学习资源更加便捷，未来家庭和学校之间的分工会逐渐淡化，两者的功能会相互融合，家长会更多地参与到学校的课程建设与教育过程中，学校也会在家庭教育领域发挥更大的指导作用。未来的教育，将呈现家庭、社会和学校以孩子为纽带，通过合作共育紧密地联系在一起的新格局，这是教育和社会发展到信息时代的必然选择。

◎ "五育并举"与课程建设

无论是哪个国家的教育，遵循的教育目标都是一致的。对个体来说，就是要在这瞬息万变的社会环境中学会生存；对社会来说，就是要将学生培养成有用的人，德智体美劳全面发展，能够承担推动社会发展的重任。

因此，学校教育和教师的工作就不仅是传播知识，还要教会学生使用学习工具，学会如何思考。学生走向社会后，会从事各种不同类型的工作，他们不仅要学习一般的通用技能，还要学习各种社交技能，例如，如何拥有自信，如何发挥创造力，如何领导和被领导等。

学校课程需要重新加以梳理，目前知识传授类的课程占比太大，而学生走向社会后更需要的人生技能课程与实践太贫乏。比如说，全球意识、团队合作和体验不同生活的能力、创造力、调查技能、戏剧、游戏、艺术、音乐、电影等，都需要学校在课程建设中加以重视。学校要充分利用好自身的办学自主权，在课程建设方面有新的认识、新的思考。

比如说，参加体育运动不仅可以强身健体，而且可以在运动中学习与人合作，学习如何与人沟通，提高情商，这些跟思想教育是类似的。作者特别谈到了跳舞，认为跳舞是除了骑自行车、游泳和跑步之外，练习平衡和举止仪态的重要手段。对男孩来说，这种仪态教育相当于女孩上的芭蕾舞形体课。跳交谊舞可以让学生了解到男女双方在互动时的角色差别，跳舞时，一方主导，另一方被主导，一推一拉之间，双方演绎了主动和被动的角色。

比如说，艺术课程并不局限于美术、音乐，要将艺术教育与更现代的交流形式相结合。世界发生了巨大变化，我们获取的全部信息有3/4来自视觉媒体，如电视、网络、电影等各种媒介。但遗憾的是，到现在还没怎么看到教孩子如何读懂电影或者制作电影（理解电影的最好方法）的相关课程。艺术课程自身的创新很关键，学校要创设解释视觉影像的相关课程，教授创作电影的方法，不仅要教孩子学习如何编辑、拍摄，把电影放到网络上，还要引导孩子学会如何通过网络分享。要让各方意识到，艺术不仅是一种古老的交流形式，而且对我们日益发展的视觉文明至关重要。

教育是文明复兴的新动力，学校是文化发展的新中心，学校在这一方面其实可以发挥更大的作用。

◎ 科技创新与教育未来

信息技术、人工智能的飞速发展，使得一些原本我们不敢想象的教育情景走进了学校，走入了课堂。比如说，自适应学习平台、智能助手、增强现实技术……它们在提升教育教学效益的同时，也在悄然改变学校的结构和教育的生态。从文化传播的角度看，人类已经从口语、写作、印刷、电影，进入到数据这个第五大时代。

作者提醒我们要关注信息和科学技术对教育的影响。首先，技术对教育的影响取决于人们使用技术的方式。它不是替换或破坏现有的系统，而是增加新的维度和深度。就像我们对学生学习状况的了解，原来主要是通过纸质测试这一途径，现在因为技术增加了很多过程性的信息和实证资料，维度极大扩展，对数据的挖掘也足够深刻。其次，技术如何应用于教育、在生活中如何与技术相处，是当今需要人们注意的问题。要让技术助推教育方式的变革，促进教与学的转型，但同时要防止人成为技术的奴隶。最后，传统的自上而下的教学模式正在被自下而上的学习模式取代。大多数人可以通过互联网获取所需的知识。因此，教师的教学方法必须发生改变，要以学生为中心或以学生为主导。教师将成为推动者、指导者和导师，而不是知识库。

作者对未来的教育做了展望。终身学习将成为每个人的学习信念，持之以恒的自我教育将成为常态的学习模式。学校将无处不在，学校的形态和功能将发生很大变化，它将成为一个具备多种功能的枢纽，而不是专属中心。未来的教育评价，在传承当下纸笔测试优点的基础上，还会评价学生在美术、手工、游戏、音乐、计算机和互联网素养、社交技能等方方面面的能力。

3.0 时代的学习方式

信息技术自诞生之初，就已经和教育展开融合。但总的来说，这种融合还远没有达到深入的程度，信息技术对教育的反拨作用也不明显。这既与教育自身传统的根深蒂固有关，也与现有的教育教学方式被广泛认可有关。疫情的爆发使得在线教学、网络课堂实践蓬勃发展，人们普遍意识到，教育变革的拐点已经到来。学校在经历了农耕社会个性化精英教育的 1.0 时代、工业社会集体性大众化教育的 2.0 时代后，正在进入信息社会个性化大众教育的 3.0 时代。

○ "内隐学习"的特征

人类学习存在两种方式，一种是我们平常所见的外显学习，即人有意识、有目的地开展的，通过一定的策略，付出一定的努力，以期完成既定学习任务的学习活动。另一种是内隐学习，即人在无意识的状态下进行的，在不知不觉中习得周边环境的某些规则或知识，并以此指导自己行为的学习活动。

2.0 时代的学校教育，强调课程的统一、教学内容的整齐划一、教学要求的步调一致，几乎将所有的注意力都放在研究外显的学习成效上，很少关注内隐学习对一个人成长的价值。而事实上，任何学习活动，这两类学习方式都会参与其中，它们既相互独立又相互促进，共同推动了学生对事物的理解。相较于外显学习，内隐学习有以下几个方面的特征。

一是自动性。既不需要任务清单，也不需要相应规则，内隐学习是自发自动的行为，这是其最显著的特征之一。最经典的事例就是幼儿学习语言。尚未进入幼儿园的孩子，通过牙牙学语，很快就自动掌握了母语，而且基本上很少出现语法上的错误。二是抽象性。内隐学习注重对事物本质属性的理解，往往不受外部表象变化的影响，有着"透过现象看本质"的特点。我们常说的"读书百遍，其义自见"，正是内隐学习抽象性特征的具体表现。三是理解性。即通过内隐学习获得的知识并不都是默会的，也有在一定程度上可以被理解的。四是抗干扰性。外显学习常常受到各种环境因素的影响，内隐学习则具有很强的稳定性，外部环境的变化、个人身心状况等的变化对其影响都比较小。

相对于外显学习，内隐学习是碎片化的，没有人指导，没有系统性，这正好与新技术催生的碎片化学习、泛在学习、自适应学习等类似。我们一直说教育变革的核心是教与学的方式变革，从这个意义上看，3.0时代的学校学习方式更加关注内隐学习，是更符合人类天性的学习方式。

○ 营造新的学习环境

3.0时代的学校教育，更加关注学生的全面发展和个性发展，个性化学习和内隐学习的方式将越来越被看重。内隐学习虽然是一种无意识的自发行为，但其学习质量的好坏与学生所处的学习环境是有非常重要的关联的。与认知水平相适应的学习环境越是丰富和多元，越容易激发多样化的神经元，并促进它们建构丰富的联结。

倪闽景认为，3.0时代的学校学习环境应当具备以下四个主要特点。一是联通。互联是本质，网是技术，互联背后就是资源、信息、渠道的广泛联通，这为资源的最大化利用提供了技术基础。二是开放性。互联网的学习环境不受时间、地点和空间的限制。三是分布式和去中心化。信息提供的主体不再局限于某一方，每位学习者都成为一个微小且独立的信息提供者。四是协作共享。互联网中的信息传播具有非竞争性，达到一定规模后，信息使用的边际效应会逐步递增。这种联通、开放性、分布式和去中心化、协作共享的新的开放学习环境，为教与学方式的转变提供了可能和支撑，必将促进当下学校教育教学结构的深刻变革。

在上述学习环境的基础上，3.0时代的学习将呈现以下结构性的特征。一是课程多媒体化。教育资源以政府免费供给为主，课程和教材呈现的方式是立体复合型的，文字、视频、音频、VR和AR，真实世界与虚拟现实相辅相成。二是资源全球化。互联网上海量的资源为学生的个性化学习提供了基础保障。三是学习个性化。每个人都有自己独特的课表和学程，学习不再局限在特定的场所，何时开始学习、先学什么、后学什么都由自己说了算，学校的概念也在发生变化。四是任务合作化。学生围绕某一主题自发地形成学习团队，为完成既定任务而分工合作的主题式学习活动将日益增多，团队因共同的志趣而成立，成员可能不是来自同一所学校，甚至不是同一个国度的。五是管理自动化。学生的学习过程会被学习系统自动记录并加以分析，通过大数据的比对，机器能主动给学生提出适当的学习建议，学习管理逐渐走向自动化。六是系统开放化。开放和融合的学习环境，为学生提供多样化的学习支持。《走进学校3.0时代》的作者还为读者描述了3.0时代学校的13个教育场景，令人充满期待。

○ 主动应变，创新发展

倡导个性化学习，不是削弱教师的作用，而是对教师提出了更高的要求，要求教师能因材施教、有的放矢。教师的角色将发生根本性的转变，从知识的拥有者、传授者，转变为教学资源的创新者、集成者和统筹者，转变为学生学习的陪伴者、情感的呵护者、动力的激发者、学习过程的指导者和实践活动的组织者。

教师要适应3.0时代的学校教育，需要完成一系列的转身动作。一是要主动拥抱新技术。未来的教学，有很多重复性的劳动将由智能机器帮助教师完成，教师将从繁重的事务性劳动中解放出来。教师需要认真分析智能机器提供的各种数据，仔细了解和判断学生学习过程的优势和不足，为学生更好地学习提供指导意见。这都对教师掌握和使用新技术的水平和能力提出了更高的要求。二是要养成终身学习的意识和习惯。新技术与教育的深度融合，催生了人们对学生学习、认知规律等的新认识，也给教师创设了重新认识教育、深入思考教学的契机。具备终身学习习惯的人，能够敏锐地察觉到这样的变化，并通过及时学习和实践，让自己始终站在教育改革的前沿。三是要借助大数据平台提供的相关信息，结合脑科学和认知科学的新进展，以及和学生多元化的沟通渠道，着力为学生的学习行为画像，像画得越是精细，教学就越有效。四是充分利用虚拟现实设计学习情境，同时为学生创设丰富多彩的体验式学习活动，让学生在学以致用的过程中，发现知识的价值和内在魅力。五是积极探索创客学习，鼓励学生从消费者转变为创造者，构建一种面向应用的教育融合模式，创建从创意、设计再到制造的完整的创新环境。六是努力创设泛在学习环境和资源，支持学生各种个性化学习活动的顺利开展。

　　教师的观念和行为每每发生微小的改变，都能对学生学习方式的转变和学习动力的激发产生显著的影响。

构建教育的人类学新模式

每一次科技革命和社会转型,都会对人才提出新的要求,而人类总是寄希望于教育,教育也从来没有辜负过人类。教育在促进社会发展,提升绝大多数人的经济水平中始终发挥着重要作用。今天,以人工智能为标志的高科技又在催生新的大变革,"我们需要一种新的学习模式,能够让学习者了解他们周围的高端科技世界,同时培养人类特有的思维品质和智力品质,即创造力和思维敏捷,以战胜周遭世界。我们把这种教育模式称为人类学"[1]。

○ "新三大读写能力"

人类学教育模式是结合这个时代的特征,为即将走向社会的学生量身定做的,要求在习得现有的知识和能力的基础上,着力培养"新三大读写能力",即数据素养、科技素养和人文素养。

人类生活在数字时代,随时都在推动大数据的流动、连接,点击一下鼠标,触摸一下信息化设备,就会带来即时的信息流。但即便是"数字原住民"能够熟练地操控各种信息化的设备,找寻到他们需要的信息,

---

[1] 约瑟夫·E. 奥恩. 教育的未来:人工智能时代的教育变革[M]. 李海燕,王秦辉,译. 北京:机械工业出版社,2019: 69.

其中的绝大多数人也并不了解触摸屏背后的工作原理。编码是数字世界的通用语言,是数字世界沟通、交流和思考的载体,而具备数据意识和数据敏感性,能够有效且恰当地获取、分析、处理、利用和展现数据,对数据具有批判性思维的能力,善于从汹涌澎湃的数据洪流中找寻意义,这些都是未来人才必备的数据素养。

科技素养就是指学生应具备基本的对科学技术的理解能力。从蒸汽时代、电气时代到信息时代,科学技术的内涵和外延都在发生巨大变化,这对学生的科技素养也提出了与时俱进的要求,要求今天的学生具备理解人工智能、大数据等科学术语的能力,要善于运用数字语言进行思考和推理,要善于凭借编码和工程原理基础知识来了解人工智能机器的各种行为,要能够在面对涉及科学技术方面的公共政策议题时有理有据地发表自己的观点,而不是随波逐流。

科学技术的飞速发展深刻地改变着人类的生活方式,赋予了人类改造自然和世界的巨大能量,但其双刃剑的作用也越来越突出,人类需要协调科技素养与人文素养,在物理世界和精神世界领域达到和谐统一。重视人文素养,不仅是每个求知者提升自己生命境界的需要,更是人类文明进步的客观要求。对学校教育来说,提升人文素养,能提升学生与他人沟通与合作,以及挖掘人性的优雅与美丽的能力。人文素养包括建立在传统的博雅教育之上的人性,也包括艺术的元素,尤其是设计。理解并认同多样性,对人文素养的培育至关重要,而无论是在实体世界还是在虚拟世界中,最为强大的网络一定是和谐的人际关系网。

◎ 新的认知能力

库兹韦尔(Ray Kurzweil)在《奇点临近》这本书中做过预测,认为伴随人工智能等高端科技的迅猛发展,大约在2045年,人类将不再是地球的主宰,将让位于由人类自己设计出来的非生物的、有智慧的、能思考的机器人。人类未来发展的命运,牵动着各方有识之士的心,《教育的未来：人工智能时代的教育变革》的作者约瑟夫·E.奥恩（Joseph E.Aoun）就是其中之一。奥恩对此有不同观点，他认为机器虽然具备超强的计算能力，但比较擅长处理与收敛性思维相关的、有着明确要求或者单一结果的问题，而人类最擅长的是发散性思维。这类思维通常是难以界定的，也是难以传授的。它与人类的创造性直接相关，是人类特有的天分。教育应该着力培育学生与发散性思维相关联的新认知能力，它将是人类学教育模式的另一面。这些新认知能力与上述"新三大读写能力"结合在一起，可以让学生超越智能机器具有的计算能力，更具有创造力。

新认知能力主要包含四个领域。一是系统性思维。遇到问题时，我们惯常的思维方式是采取分析的方法，将问题分解成一个个要件，逐一加以解决，但其"只见树木，不见森林"的弊端也是非常明显的。系统性思维强调从整体上对影响系统行为的各种力量以及相互间的关系进行思考，以培养人们对动态变化的复杂的系统性问题的理解和应对能力，建立动态思考、深入思考、全面思考的思维新模式，帮助学生养成从全局的、整体的角度看问题的习惯。二是创业精神。随着人工智能机器越来越融入劳动力市场的各个领域，创业精神的价值将更加凸显。已有的工作领域需要通过创造新的业务或者领域来拓展市场，而那些具备创新思维的员工的发明和发现更会创造新的价值。技术不是威胁，而是机遇和创新的来源，在替换掉一批劳动岗位的同时，也会产生新的就业机会。三是文化敏捷性。信息技术拓宽了合作共事的领域，人们经常要在多元文化的团队中工作，在全球视野下推进一项事业。文化之间的差异大大增加了沟通的复杂性，任何一种误解都会给工作带来麻烦。在未来，最成功的专业人士将是那些能轻松跨越不同文化边界的人，是那些能在不同的环境中以轻松的心态做决定，整合或适应不同角色的人。四是批判性思维。这意味着人们能对想法进行巧妙分析，审慎地判断是非，正确地做出抉择，然后有效地运用自己的思考能力。它是一个人应该具备的为数不多的关键能力。近些年来，教育领域对批判性思维的关注越来越多，学生核心素养的培育也成为重点之一，这是值得称赞的。

○ 情境就是一切

智能机器的学习方式与人脑的学习方式有相似之处，都是通过信号的刺激，在判断正确或者错误的过程中，使得神经元之间形成更强或者更弱的联结。不同的是，智能机器是纯数据输入，而人类除了这些刺激信号之外，还通过体验来增强或削弱心理联结。

人类要在与智能机器的竞争中保持自己的主导地位，必定要在情境方面做文章。智能机器很难解释情境，因为它们不生活在繁杂的人类世界中，不能通过亲身体验的方式来了解这个世界，也不能完全理解和解释人类所处的现实环境。

体验式学习应该成为教育的人类学新模式的重要学习范式。其特点是着力去除当下的课堂与现实生活之间的藩篱，创造一个持续的、多维的学习生态系统，让学生接触并观察现实生活的各类事实与事件，把实践置于全新的情境中。每一个学习者的经历都是由其生活的独特情境塑造的，只有让学习者全身心地处于无序随机、偶然发现和不可思议的生活中，才能促进其独立思考、创造力和思维的灵活性。从这个意义上看，体验式学习是个性化学习中最复杂的人生引擎。

学习成效如何，只要看看所学的知识和技能在新的情境中能否得到恰当的实践和运用即可确定。学生如果在某一情境中能够熟练地将所学的知识迁移到新的情境中应用，就能更好地认识自己，了解自己的优势和不足，以及自己的动力和潜能。跨学科的主题研究、基于项目的学习，以及与现实世界建立紧密联系的学习活动，是创设新情境、促进体验式学习活动有序开展的重要载体。

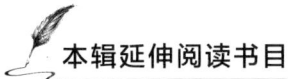 **本辑延伸阅读书目**

1. 奥拉西奥·桑切斯.教育变革：利用脑科学改善教学与校园文化[M].任红瑚，叶川，译.上海：华东师范大学出版社，2020.

2. 钟秉林.教育的变革[M].北京：商务印书馆，2020.

3. 佐藤学.学校的挑战：创建学习共同体[M].钟启泉，译.上海：华东师范大学出版社，2010.

4. 托尼·瓦格纳.教育大未来[M].余燕，译.海口：南海出版公司，2019.

5. 克雷格·柯伯格，马克·柯伯格.改变自己，改变世界[M].顾大僡，王璐，陈洁，译.上海：学林出版社，2013.

6. 简·麦戈尼格尔.游戏改变世界：游戏化如何让现实变得更美好[M].闾佳，译.经典版.北京：北京联合出版公司，2016.

7. 邱昭良.如何系统思考[M].2版.北京：机械工业出版社，2021.

8. 江涛.互联网思维3.0[M].北京：化学工业出版社，2019.

9. 伊恩·艾瑞斯.大数据思维与决策[M].宫相真，译.北京：人民邮电出版社，2014.

10. 维克托·迈尔－舍恩伯格，肯尼思·库克耶.与大数据同行：学习和教育的未来[M].赵中建，张燕南，译.上海：华东师范大学出版社，2015.

11. 蔡跃.微课程设计与制作教程[M].上海：华东师范大学出版社，2014.

12. 吴剑平，赵可，等.大学的革命：MOOC时代的高等教育[M].北京：清华大学出版社，2014.

附录 | 向教师推荐的50本书

一、教学即创造

1. 于永正. 做一个学生喜欢的老师：我的为师之道 [M]. 北京：教育科学出版社，2014.

2. 夏昆. 教室里的电影院 [M]. 北京：中国轻工业出版社，2013.

3. 山姆·史沃普. 我是一支爱写作的铅笔 [M]. 廖建容，译. 北京：五洲传播出版社，2012.

4. 弗兰克·迈考特. 教书匠 [M]. 张敏，译. 海口：南海出版公司，2016.

5. 雷夫·艾斯奎斯. 第56号教室的奇迹：让孩子变成爱学习的天使 [M]. 卞娜娜，译. 北京：光明日报出版社，2014.

6. PJ. 开普希，托德·威特克尔. 以学生为中心的翻转教学11法 [M]. 赵娜，译. 北京：中国青年出版社，2015.

7. 道格·莱莫夫. 教无不胜：卓越教师的49个秘诀 [M]. 王佳佳，译. 上海：华东师范大学出版社，2013.

8. 海姆·G. 吉诺特. 老师怎样和学生说话 [M]. 冯杨，周呈奇，译. 海口：海南出版社，2005.

9. 钟杰. 孩子，这不是你的错：一名后进生的转化 [M]. 福州：福建教育出版社，2012.

10. 苏明进. 懂你的孩子：唤醒潜能的秘密 [M]. 北京：首都师范大学出版社，2011.

二、教育即生活

1. 尼尔·波兹曼. 童年的消逝 [M]. 吴燕莛，译. 北京：中信出版社，2015.
2. 唐娜·沃克·泰尔斯顿. 让学生都爱学习：激发学习动机的策略 [M]. 宋玲，译. 北京：中国轻工业出版社，2012.
3. 苏珊·佩罗. 故事知道怎么办：如何让孩子有令人惊喜的改变 [M]. 重本，童乐，译. 天津：天津教育出版社，2011.
4. 王怀玉. 小学家校沟通的艺术 [M]. 北京：中国轻工业出版社，2014.
5. 马歇尔·卢森堡. 非暴力沟通 [M]. 阮胤华，译. 北京：华夏出版社，2018.
6. 阿卜杜斯·萨拉姆国际理论物理中心. 成为科学家的100个理由 [M]. 赵乐静，译. 2版. 上海：上海科学技术出版社，2011.
7. 张贵勇. 读书成就名师 [M]. 修订本. 北京：中国人民大学出版社，2020.
8. 珍妮·格兰特·兰金. 教师的急救箱：迅速消除你的职业倦怠 [M]. 杨博雅，译. 北京：中国人民大学出版社，2020.
9. 吴非. 不跪着教书 [M]. 北京：中国人民大学出版社，2015.
10. 蔡兴蓉. 下辈子还教书 [M]. 上海：华东师范大学出版社，2015.

三、学校即社会

1. 约翰·霍特. 孩子为何失败 [M]. 张惠卿，译. 北京：首都师范大学出版社，2010.
2. 斋藤孝. 教育力 [M]. 张雅梅，译. 上海：华东师范大学出版社，2011.
3. 恩雅·瑞格. 海伦娜的奇迹 [M]. 罗慕谦，译. 天津：天津教育出版社，2008.
4. 王政忠. 老师，你会不会回来 [M]. 北京：首都师范大学出版社，2013.
5. 爱德华·休姆斯. 美国最好的中学是怎样的：让孩子成为学习高手的乐园 [M]. 王正林，王权，译. 白金版. 北京：中国青年出版社，2016.
6. 罗恩·克拉克. 罗恩老师的奇迹教育：点燃孩子的学习激情 [M]. 李文英，

等译. 纪念版. 北京：中信出版社，2015.

7. A.S. 尼尔. 夏山学校 [M]. 王克难，译. 北京：新星出版社，2019.

8. 黑柳彻子. 窗边的小豆豆 [M]. 赵玉皎，译. 海口：南海出版公司，2018.

9. 史金霞. 重建师生关系 [M]. 北京：中国轻工业出版社，2012.

10. 高万祥. 学校里没有讲的教育 [M]. 上海：华东师范大学出版社，2014.

11. 李希贵. 面向个体的教育 [M]. 北京：教育科学出版社，2014.

四、理论即支点

1. 怀特海. 教育的目的 [M]. 庄莲平，王立中，译. 上海：文汇出版社，2012.

2. 蒙台梭利. 童年的秘密 [M]. 李依臻，译. 南昌：江西人民出版社，2019.

3. B.A. 苏霍姆林斯基. 和青年校长的谈话 [M]. 赵玮，等译. 北京：教育科学出版社，2009.

4. 金林祥，张雪蓉. 陶行知教育名著：教师读本 [M]. 上海：上海教育出版社，2006.

5. 叶圣陶，杨斌. 如果我当教师 [M]. 北京：教育科学出版社，2012.

6. 约翰·杜威. 我的教育信条 [M]. 罗德红，杨小微，译. 上海：华东师范大学出版社，2015.

7. 联合国教科文组织. 反思教育：向"全球共同利益"的理念转变？[M]. 联合国教科文组织总部中文科，译. 北京：教育科学出版社，2017.

8. 佐藤学. 静悄悄的革命：课堂改变，学校就会改变 [M]. 李季湄，译. 北京：教育科学出版社，2014.

9. 霍华德·加德纳. 奔向未来的人：五种心智助你自如应对未来社会 [M]. 胡雍丰，杨娟，译. 北京：商务印书馆，2010.

五、变革即未来

1. 马克·塔克. 超越上海：美国应该如何建设世界顶尖的教育系统 [M]. 柯

政，译.上海：华东师范大学出版社，2013.

2. 帕斯·萨尔伯格.芬兰道路：世界可以从芬兰教育改革中学到什么 [M].鲍方越，译.2 版.上海：上海教育出版社，2020.

3. 迈克尔·富兰，彼得·希尔，卡梅尔·克瑞沃拉.突破 [M].孙静萍，刘继安，译.北京：教育科学出版社，2009.

4. 安娜·克拉夫特.创造力和教育的未来：数字时代的学习 [M].张恒升，译.上海：华东师范大学出版社，2013.

5. 维克托·迈尔-舍恩伯格，肯尼思·库克耶.大数据时代：生活、工作与思维的大变革 [M].盛杨燕，周涛，译.杭州：浙江人民出版社，2013.

6. 萨尔曼·可汗.翻转课堂的可汗学院：互联时代的教育革命 [M].刘婧，译.杭州：浙江人民出版社，2014.

7. 乔纳森·伯格曼，亚伦·萨姆.翻转课堂与慕课教学：一场正在到来的教育变革 [M].宋伟，译.北京：中国青年出版社，2015.

8. 朱永新，艾伦·麦克法兰.教育的对白：朱永新对话麦克法兰 [M].马啸，等译.武汉：长江文艺出版社，2020.

9. 张治.走进学校 3.0 时代 [M].上海：上海教育出版社，2018.

10. 约瑟夫·E.奥恩.教育的未来：人工智能时代的教育变革 [M].李海燕，王秦辉，译.北京：机械工业出版社，2019.

扫码关注，回复"修行"
获取书目

后　记

获得"上海市特级教师"荣誉称号，是我从教历程中的一件大事。那是 2005 年，我刚过完 40 岁生日不久。有一个问题开始在我的脑海中闪现：下一步的努力方向是什么？还要继续工作 20 年才到退休年龄，总不能顶着"特级教师"这个光环混上这么长的时间吧？

思来想去，我选择将读书作为自己的生活方式，期望通过阅读来为自己增添智慧，厚实精神底色，于是开始了每周阅读一本书，并撰写至少一篇读后感的读书历程。至今已坚持了十多年，其中的酸甜苦辣别人很难体会。工作越来越忙，需要思考和处理的事情越来越多，很难找到一整块时间静心地读书。别人描述的那种点一炷香，品一壶茶，沐浴在阳光下，将身体随意地放在沙发里安静地读书的境界，对我来说只是一种奢望。我将书放在自己的手提包里，将旅途、会议间隙、饭前饭后、睡觉之前等各种零碎的时间利用起来，见缝插针就读上几页。

读是一方面，读后要领会作者的意图，并结合自己的工作实际撰写感受，也是需要时间的。有一次到韩国出访，一整天任务都安排得满满的，等回到房间放下行李时已经是夜里 11 点了，可一本书的读后感还没有完成,怎么办?简单地洗漱后,我坐在地板上,将电脑放在腿上,熬夜写文章。我心里明白,只要对自己放松一下要求,所有的坚持都会泡汤。就这样,十多年下来,我阅读了近800本书,为每一本书写了读后感,累积起来已超过300万字。

我逐渐体会到读书的美妙。每当我在工作和生活中遇到难题的时候,总有一本书在那里等着我,给我启迪,让我豁然开朗。有时候会感慨自己的运气好,总能在关键时候读到对自己有帮助的书。其实,这也不算运气,就像我们外出旅游希望看到最美的景色一样,只要愿意付诸行动,一般还是能够实现心愿的。坚持不懈地阅读,就是与最美景致一次次的邂逅。

从已经阅读过的作品中挑选出50部,不是一件容易的事情。从最初的设想,到一个个专辑的雏形,再到今天大家看到的这本书,其间经历了多次的讨论、意见的交换和思路的沟通,也多次更换相关作品。在此特别感谢"源创图书"策划人吴法源先生的不断鼓励,感谢编辑们为本书的出版付出的大量心血。

也要感谢我的爱人和孩子。看着我每天捧着一本书阅读,爱人也会有想法,不过不是针对读书,而是担心我太疲劳,担心我的眼睛受不了。孩子也时不时就阅读和我交换意见,并推荐自己喜欢的书给我。这种良性互动的读书氛围,对家庭来说非常重要。

还要感谢我的博友和相关媒体。每一篇读后感放到我的博客上(http://blog.sina.com.cn/pplong)后,都有众多的网友发表评论并予以转载。一些报刊和新媒体也很关注我的书评,时不时会全文刊登或摘要发表,让我越来越感受到自己所做事情的价值和意义。星星之火,可以燎原,说不定我在阅读方面的坚持,可以带动更多的人加入阅读的行列,从而推动全民阅读习惯的养成呢!

如果我的文字能够引发大家阅读的兴趣,那就够了!